经典·新阅读

U0886654

读懂心理学的第一本书

乌合之众

（法）勒庞◎著　王千石◎译

中国华侨出版社

图书在版编目(CIP)数据

读懂心理学的第一本书:《乌合之众》/(法)勒庞著;王千石编译.—北京:中国华侨出版社,2012.3

ISBN 978-7-5113-2160-2

Ⅰ.①读… Ⅱ.①勒… ②王… Ⅲ.①群众心理学-研究 Ⅳ.①C912.64

中国版本图书馆 CIP 数据核字(2012)第014409 号

读懂心理学的第一本书:《乌合之众》

著　　者 / (法)勒庞
编　　译 / 王千石
责任编辑 / 严晓慧
责任校对 / 李江亭
经　　销 / 新华书店
开　　本 / 787×1092 毫米　1/16 开　印张/16　字数/187 千字
印　　刷 / 三河市华润印刷有限公司
版　　次 / 2022 年 2 月第 1 版第 2 次印刷
书　　号 / ISBN 978-7-5113-2160-2
定　　价 / 28.00 元

中国华侨出版社　北京市朝阳区静安里 26 号通成达大厦 3 层　邮编:100028
法律顾问:陈鹰律师事务所
编辑部:(010)64443056　　64443979
发行部:(010)64443051　　传真:(010)64439708
网址:www.oveaschin.com
E-mail:oveaschin@sina.com

前言

本书主要对各种各样的群体特征进行了研究。

遗传赋予了每个种族中的每个人某些共同的特征,而这些特征之和便构成了这个种族的特质。不过,当某些人为了共同的目的而聚集成一个群体时,我们仅仅从他们聚在一起这个事实就可以观察到,他们除了原有的种族特征之外,还表现出了一些新的心理特征,这些特征有时与种族特征颇为不同。

在各民族的社会生活中,有组织的群体一直都起着重要的作用,然而这种作用从来没有像现在这样重要过。当下这个时代的最主要特征之一就是:群体的无意识行为代替了个人的有意识行为。

我以纯科学的方式对群体所引起的各种问题进行过研究,也就是说,我的研究只是从方法上进行,除此之外,我不受各种意见、理论和教条的影响。我相信,这是发现少许真理的唯一办法,特别是当我讨论的是一个众说纷纭的问题时,情况尤其如此。对于一个致力于解释一种现象的科学家来说,他是不会顾虑到自己的解释会伤害到什么人的利益的。卓越的思想家阿尔维耶拉先生在最近一本著作中说,不属于任何学派的他,会时不时地发现自己和所有派别的各种结论相左。我希望这部新著也能堪当此论。如果属于某个学派,就必然会对它有所偏见以及产生先入为主的现象。

但是我还是要向读者解释一下，为什么读者会发现我从自己的研究中得出一些让你们乍一看而难以接受的结论。比如：为什么我会在指出包括一些杰出人士在内的团体的极端低劣的群体精神后，还要断言虽然这些团体有这种低劣的群体性，但为什么还要对他们的组织是否仍然是困难甚至是危险的进行干涉呢？

原因是通过对历史事实最细致的观察，我无一例外地发现，社会组织就像一切生命有机体一样复杂，我们还没有具备强迫它们在突然之间就发生深刻变革的能力。大自然有时会采取一些激烈的手段，但却从来不是用我们所采用的方式，这说明对于一个民族来说，它致命的危险最可能来自于它热衷于重大的变革，不管这些变革从理论上来说多么出色。假如说它能够使这个民族的气质立刻发生变化，那才能说它是有用的，然而，只有时间才具备这样的能力。人们一直受各种思想、感情和习惯所左右，这也是我们的本性使然。各种社会习惯只是我们群体性格的外在表现，并且反映了它的需求。各种社会习惯作为群体性格的产物，是无法改变它本身的。

研究一种社会现象，与研究产生这种现象的民族是密不可分的。从哲学观点来看，这种现象可能有绝对价值，但实际上它们只有相对价值。

因此，我们在研究一种社会现象时，首先必须分清先后，然后从两个不同的方面对它进行分析比较。这样你就会发现，纯粹理性的教诲往往同实践理性的教诲相反。这种划分几乎适用于任何方面，甚至连自然科学也不例外。从绝对真理的角度来看，一个立方体或一个圆，都是由一定的公式在严格定义下的不变的几何形状。但是如果从印象的角度来看，那么这些几何图形在我们眼里就会表现出不一样的形状。

再从透视的角度来看，立方体是可以变成椎形或者是方形的，圆则可以变成椭圆或直线。但是，比起这些虚幻的形状，研究它们的真正形状显得更为重要，因为只有它们是我们所能看到并能用照相或绘画加以再现的形状。有时候“不真实”的事物比“真实”的事物包含着更多的真理。但是，如果只按照事物标准的几何形状来呈现它们，那么是有可能歪曲自然的，从而使它变得不可辨认。我们不妨想象一下，如果世界上的居民只能复制或翻拍某样物体，却无法接触它们，他们对该物体的形态是很难有正确的说法的。进一步说，如果只有少数有学识的人才能掌握有关这种形态的知识，那么可以说，它也就没有多少实际存在的意义了。

研究社会现象的哲学家们应当时刻牢记，这些现象除了有理论价值外，也有实践价值，而且只有后一种价值与文明的进化有关，因为只有它才是重要的。而一旦认识到这个事实，在考虑到最初的逻辑迫使他接受结论时，他就会采取非常谨慎的态度。

使他们采取相类似的保留态度的另一个原因是社会现实非常复杂，根本不可能全盘掌握或预知它们的相互影响所带来的后果，另外，在可见的事实背后，有时似乎还隐藏着成百上千种看不见的因素。可见的社会现象有可能是某种巨大的无意识机制的结果，而这一机制往往超出了我们的分析范围。能够感觉到的现象就好比波浪，它只不过是海洋深处我们所一无所知的暗流的表象。和群体的大多数行为相比，它在精神上表现出一种独特的低劣性，在另外一些行为中，它又好像受着某种神秘力量的控制，古人称之为命运、自然或天意，我们称之为幽灵之声。我们虽然不了解它的本质，却无法忽视它的威力。在民族的内心深处，有时似乎有一种永恒的力量在支配着他们。比如，还有什么东西能比语言更复杂、更有逻辑和更奇特呢？但是，如果不是来自于群体无意识的天赋，组织程度这个令人惊叹的产物它还能来自于什么地方？即便是最博学的学者，最有威信的语法学家，所能做到的也不过是指出支配语言的那些规律，但他们绝不可能创造这种规律。甚至于伟人的思想，我们就敢肯定那完全是他们头脑的产物吗？毫无疑问的是，这些思想是由独立的头脑创造出来的，而且，是群体的天赋所提供的千百万粒沙尘才形成了它们生长的土壤。

毫无疑问，群体总是无意识的，但很可能就在这种无意识之间，隐藏着它为什么实力强大的秘密。在自然界中，完全受本能支配的生物所做出的一些动作，其神奇的复杂性会令我们惊叹。理性不过是人类近代以来才具有的属性，而且尚未完善到能够向我们揭示无意识的规律，它要想站稳脚跟，仍然需要很长的时间。无意识在我们所有行为中起了很大的作用，理性的作用几乎为零，但无意识仍然是作为一种不为人知的力量在起着作用。

如果我们仅仅打算待在狭小而又安全的界限之内，并利用科学来获得知识，而不想步入模糊的猜想和无用的假设的领域，那么我必须要做的事情只是留心我们所能接触到的这些现象，并且把我们自己限于这个范围去对它做些思考。然而，从这些思考中得出的每个结论显然都是不成熟的，因为在这些我们明显能够观察到的现象背后，还有一些我们只能隐约看到的现象，而在它背后，还有一些我们一无所知的东西。

译者序

第一次读到勒庞这本《乌合之众》是几年前的事了，那时我还是一个研究生，我的一位老师在课堂上向我们推荐了这本书。当我在图书馆的“书海”中找到它并开始阅读的时候，我并没有觉得这本书有什么特别之处，随着阅读的深入，书中逐渐跃出的种种思想深深震撼了我。

虽然这是一本学术书，但其内容并不枯燥，其所阐述的观点也不带有政治的色彩，所以也使得这些理论穿越了一百年的时光，跨越了不同地域文化的界限。

勒庞在书中告诉我们，一切统治形式都不是最有力量的，最有力量的是源远流长的传统，传统的力量不是靠着所谓“翻天覆地”的变化可以改变的，改头换面的只是统治的形式、名称和一些表面的东西，一个民族骨子里的东西是由时间形成的。勒庞还明确指出个人一旦融入群体，他的个性便会被湮没，群体的思想便会占据绝对的统治地位，而与此同时，群体的行为也会表现出排斥异议、极端化、情绪化及低智商化等特点，进而对社会产生破坏性的影响。

勒庞在这本书中表现出了他所具有的“脊髓中的本能”，这是一种只有在极少数思想家身上才能看到的，不断发现有研究价值的问题的本领。对于社会心理学家和所有对自己社会进行思考的人，勒庞的著作所关注的问题全部会成为十分重要的问题。尽管本书的标题有失清楚明确，但是本书提到了许多人们通常并不与“人群”联系在一起的现象。

由于时间仓促，这本译注还有许多不成熟的地方，在此对读者诸君表示歉意，并希望大家多多批评指正。

目录

MULU

导言　群体的时代

提要

如今这个时代的演变；文明的大变革是民族思想变化的结果；现代人对群体力量的信念；民众的崛起是怎样发生的以及他们发挥威力的方式；群体力量的必然后果；除了破坏以外，群体起不到其他的作用；衰老的文明解体是群体作用的结果；对群体心理学的普遍无知；立法者以及政治家研究群体的重要性。

发生在文明变革之前的大动荡，例如罗马帝国的衰亡和阿拉伯帝国的建立，乍看上去，似乎是由政治变化、外敌入侵或王朝政权的倾覆所决定的。但是对这些事件作些更为深入的研究，就会发现在它们的表象的原因背后，可以普遍看到人民的思想发生的深刻变化。真正的历史大动荡，并不是那些以其宏大而剧烈的场面让我们吃惊的事情。造成文明洗心革面的唯一重要的变化，是其影响到思想、观念和信仰的变化。而令人难忘的历史事件，不过是人类思想不露痕迹的变化所造成的可预见性后果罢了。这种重大事件之所以如此罕见，是因为人类这个物种最稳定的因素，莫过于他世代传承的思维结构。

如今的时代就是这种人类思想正经历转型过程的关键时期之一。

构成这一转型基础的有两个基本因素：一是宗教、政治以及社会信仰的毁灭，而我们文明的所有要素都根源于这些信仰之中；二是现代科学和工业的各种发现创造了一种全新的生存和思想条件。

以往的观念虽然已经残破不全，却依然有着十分强大的力量，取而代之的新观念仍然处于形成的过程中，现时代呈现为群龙无首的过渡期。

这个有些混乱的时代最后会演变成什么样子，现在还很难下断语。在我们这个社会之后，为社会建立基础的又会是一些什么观念呢？目前的我们依然不得而知。然而已经十分清楚的是，不管未来的社会是依据什么路线加以组织，它都必然考虑到一股新的力量——一股最终仍会存活下来的、在现代至高无上的力量，即所谓群体的力量。在过去被视为理所当然，如今已经衰落或正在衰落的众多观念的残骸之上，在成功的革命所毁灭的许多权威资源的残骸之上，这股取而代之而逐渐兴起的唯一力量，看来不久后注定会与其他力量结合在一起。当我们悠久的信仰崩塌消逝之时，当古老的社会柱石一根又一根坍塌之时，群体的势力便成为唯一不可匹敌的力量，而且它的气势还会不断壮大。我们就要进入的时代，千真万确将会是一个群体时代。

就在一个世纪之前，欧洲各国的传统政策和君主之间的对立，是引起各种事变的主要原因。民众的意见通常起不了多少作用，或者不起作用。如今，却是通常得到政治承认的各种传统的统治者的个人倾向不再起作用了；反之，群众的声音已经取得优势。正是由于这个声音向君主们表明了群众的举动，使得他们的言行必须注意到那声音的内容。如今，铸成各民族命运的地方，是在群众的心中，而不再是在君王们的国务会议上。

民众的各个阶层进入政治生活，现实地说，也就是他们逐渐成为一个统治阶层，这成为我们这个过渡时期最引人注目的特点。普选权的实行，在很长的一段时间里没有多少影响，因此它不像人们可能认为的那样，是这种政治权力转交过程中的明确特征。群众的势力开始不断扩大，首先是因为一些观念的传播，使它们慢慢地在人们的头脑中扎根，然后是由个人逐渐结为社团，致力于某些理论观念的实现。正是通过结社，群体开始掌握一些同他们的利益相关的观念——即使这些利益并不十分正当，却有着特别明确的界限——并最终意识到了自己的力量。群众现在成立了各类联合会，使得一个又一个的政权在它面前俯首称臣。他们还成立了工会，不管一切经济规律，试图支配劳动力和工资。他们来到了支配政府的议会，议员们极度缺乏主动性和独立性，几乎总是堕落成那些选出他们的委员会的传话筒。

如今，群众的要求正在变得越来越明确，就像是非要把目前存在的整个社会彻底毁灭不可。

群体往往不善推理，却急于采取行动。它们目前的组织给予它们巨大的力量。我们目睹其诞生的那些教条，很快也会具有旧式教条的威力，换句话说，即不容讨论的专横武断的力量。群众的神权就要取代君王的神权了。

那些与我们中产阶级意见相近的作家，能最好地反映着这些阶级较为偏狭的思想、一成不变的观念、肤浅的怀疑主义和表现得有些过分的自私。他们因为看到这种新势力不断壮大而感到惊恐。为了对抗人们紊乱的头脑，他们向过去被他们嗤之以鼻的旧道德势力发出了绝望的呼喊。他们向我们探讨科学的破产，心怀忏悔地转向教廷，提醒我们启示性真理的教导。这些新的皈依者却已忘记，现在为时已晚。就算他们真被神祇所打动，此类的举措也不会对那些头脑产生一样的影响了，因为他们已不大关心让这些最近的皈依者全心贯注的事情。今天的群众抛弃了他们的劝说者——昨天已经抛弃并予以销毁的诸神。没有任何力量，能够迫使河水流回到它的源头。

但科学并没有破产，科学从来没有陷进现在这种精神上的无政府状态，从这种状态中产生的新力量也并非它所造成。科学为我们承诺的是真理，或至少是我们的智能能够把握的一些有关各种关系的知识，它从来没有为我们承诺过和平或者幸福。它对我们的感情无动于衷，对我们的怨念不闻不问。我们只能设法和科学生活在一起，因为没有任何力量能够恢复被它毁灭的幻觉。

在所有的国家普遍都能看到的各种信号，在向我们证明着群体势力的迅猛壮大，它才不管我们以为它过不了多久注定会停止增长这种一厢情愿的想法。不论我们的命运如何，我们都必须接受这种势力。一切反对它的说法，都是徒劳无用的纸上谈兵。群众势力的出现很有可能标志着西方文明的最后一个阶段，它可能倒退到那些混乱的无政府时代，而这是每一个新社会诞生的必然前奏。那么，能够阻挡这种结果吗？

目前为止，彻底摧毁一个破败的文明，一直就是群众最明确的任务。这当然不是只有今天才有的现象。历史告诉我们，当文明得以建立的道德因素失去威力时，它的最终解体总是靠无意识的野蛮群体来完成的，他们不无道理地被称做野蛮人。创造以及领导文明的，历来就是少数的知识贵族而非群体。群体只具有强大的破坏力。他们的规律永远只是回到野蛮阶段。有着复杂的“典章制度”，从本能状态进入能够未雨绸缪的理性状态的文明，属于文化的高级阶段。群体无一例外地证明，仅靠他们自己，所有这些事情是不可能成真的。由于群体的力量有着纯粹的破坏性，因此他们的作用就像是加速垂危者或死尸解体的细菌。当文明的结构摇摇欲坠时，使它颠覆的总是群众。只有在这种时刻，他们的主要使命才是明朗可辨的，此时，人多势众的原则似乎成了唯一的历史法则。

我们的文明也蕴藏着同样的命运吗？这种忧虑并非没有依据，但是我们现在还未处在一个能够作出明确回答的位置上。

然而不管情况如何，我们注定要屈服于群体的势力，这是因为群体的眼光短浅，使得有可能让它守规矩的所有障碍已经被逐一排除。

对于这些正成为热门话题的群体，我们了解甚少。专业心理学研究者的生活和它们相距甚远，对它们视而不见，所以当他们后来把注意力再次转到这个方向时，便以为能够进行研究的只有犯罪群体。犯罪群体毫无疑问是存在的，但我们也会遇到英勇忘我的群体和其他各类的群体。群体犯罪只是他们的一种特殊的心理表现。不能只是通过研究群体犯罪来了解他们的精神构成，就好像不能用描述个人犯罪来了解一个人一样。

然而，从实际的角度看，世界上的一切伟人，一切宗教和帝国的建造者，一切信仰的使徒以及杰出政治家，甚至说得再平庸一点，一伙人里的小头目，都是不自觉的心理学家，他们对于群体性格有出于本能却常常十分可靠的了解。正是因为对这种性格有了正确的了解，他们能够轻而易举地确定自己的领导地位。拿破仑对他所管治的国家的群众心理有着非凡的洞察力，然而有时他对属于另一些种族的群体心理，却完全缺少了解。正是出于这种无知，他在征讨西班牙尤其是俄罗斯时，陷入了使自己的力量受到致命打击的冲突中，这注定会使他在短短的时间内归于灭亡。如今，对于那些不想再统治群体(这正在变成一件十分困难的事情)，只要求不过分地受群体支配的野心家来说，群体心理学的知识已经成为他们最后的资源。

只有对群体心理有一定的认识，才能理解社会习惯对他们的作用是多么微不足道，才能理解除了别人强加于他们的意见，他们是多么无能地坚持己见。要想领导他们，不能根据建立在纯粹平等学说上的原则，而是要去寻找那些能让他们心动的事情、能够迷惑他们的事物。比如说，一个打算实行新税制的立法者，应该选择理论上最公正的方式吗?他才不会这样做呢。事实上，在群众眼里，或者最不公正的才是最好的。只有既不十分清楚易懂又显得负担最小的办法，才最易于被人们所忍受。所以，间接税不管多高，总是会被群体接受，因为每天为日常消费品支付一点税金，并不会干扰到群体的习惯，从而可以在不易察觉中进行。用工资或其他一切收入的比例税制替代这种办法，即一次性付出一大笔钱，即使这种新税制在理论上比别的方法带来的负担轻十分之九，仍会引来无数的抗议。造成这种情况的实际是，一笔数目较多或显得数量很大从而刺激了人们想象力的金钱，已经被感觉不到的零星税金所替代了。新税之所以看起来不重，是因为它是一点一点支付的。这种经济手段涉及到长远目光的计算，而这正是群众无法做到的。

这是一个最简单的例子。人们能够容易地理解它的适用性。它也没有逃过拿破仑这位心理学家的法眼。可是我们现代的立法者对群体的特点茫然不知，因此没有能力理解这一点。经验至今仍没有使他们充分理解到，人们从来不是按纯粹理性的教导来采取行动的。

群体心理学还有很多其他的实际用途。掌握了这门科学，就可以对大量的历史和经济现象作出最真切的说明，而脱离了这门学问，它们就会变得完全不可思议。我将有机会证明，即使是最杰出的现代史学家泰纳，对法国大革命中的事件也理解得非常不全面，这是因为他从来没有想过应该研究一下群体的禀性。在研究这个极其复杂的时代时，他把自然科学家采用的描述方法当作自己的指南，而自然科学家所研究的现象几乎是不存在道德因素的。然而，构成历史真正主脉的，正是这些要素。因此，若只从实践的角度来看，群体心理学就很值得研究。即使完全只是出于好奇，也值得对它加以关注。破解人们的行为动机，就像确定某种矿物或植物的属性一样有意思。我们对群体禀性的研究只可以算是一种概括，是对我们的研究的一个简单总结。除了一点建议性的观点外，对它不必有太多的奢望。别人会为它打下更完善的基础。现在，我们不过是刚刚触碰到一片几乎未被开垦的处女地的表面而已。

第一卷　群体心理

第一章　群体的一般特征

提要

从心理学看群体的构成；大量的个人聚集在一起并不足以构成一个群体；群体心理的特征；群体中个人固有的思想感情发生的变化和他们个性的消失；群体总是受着无意识因素的支配；这种变化了的感情，既可以比形成群体的个人的感情更好，也可以比它更糟；群体既易于英勇无畏也易于犯罪。

从日常的含义来说，“群体”一词是指聚集在一起的个人，无论他们从属于什么民族、职业或性别，也不论是什么事情让他们走在了一起。但只是从心理学的角度看，“群体”一词却有着完全不同的重要意义。在某些既定的条件下，并只有在这些条件下，一群人会表现出一些新的特征，它非常不同于组成这一群体的个人所具备的特征。聚集成群的人，他们的感情和思想全都换到同一个方向，他们自觉的个性消失后形成了一种集体心理。它毋庸置疑是暂时的，然而它确实表现出了一些非常明显的特征。这些聚集成群的人进入一种状态，由于没有更好的说法，我暂且把它称为一个组织化的群体，或换个也许更为可靠的说法，一个心理群体。它形成了一种独特的存在，受群体精神统一规律的支配。

不言而喻，一些人偶然发觉他们彼此站在一起，只是这个事实，并不能使他们获得一个组织化群体的特征。一千个偶然聚集在公共场合的人，没有任何明确的目标，从心理学意义上说，根本不能算作一个群体。想要具备群体的特征，得有一些前提条件起作用，我们必须对它们的性质加以确定。

自觉的个性的消除，以及感情和思想转换到一个不同的方向，是就要变成组织化群体的人所呈现出的第一特征，但这不一定总是要求一些个人同时出现在一个地点。有时，在某种狂暴的感情，如国家大事的影响下，成千上万孤立的个人也会获得一个心理群体的特征。在这种情况下，一个偶然事件就能够使他们闻风而主动聚集在一起，从而立刻获得群体行为所特有的属性。有时，五六个人也能构成一个心理群体，而数千人偶然聚在一起却不会发生这种现象。另外，虽然不可能看到整个民族聚在一起，但在某些影响的作用下，它有时也会变成一个群体。

心理群体一旦形成，它将会获得一些暂时的而又十分明确的普遍特征。除了这些普遍特征，它还会有另一些附加的特征，其具体表现因组成群体的人各有不同，而且它的精神结构也会发生改变。所以，对心理群体不难进行分类。当我们深入了解这个问题时就会看到，一个异质性群体（即由不同成分组成的群体）会呈现出一些与同质性群体（即由大体相同的成分，如不同派别、等级或阶层组成的群体）相同的

特征，除了这些共同特征外，它们还具备一些自身的特点，从而使这两类群体有所分别。

不过在深入研究不同类型的群体之前，我们必须先观察一下它们的共同特征。我们将像自然科学家一样从事这项工作，他们总是先来描述一个族系全部成员的共同特征，然后再着手研究那些使该族系所包含的种类有所区别的具体特征。

对群体心理不易作出精准的描述，是因为它的组织不仅有种族以及构成方式上的不同，而且还因为支配群体的刺激原因的性质和强度有所不同。不过，个体心理学的研究也会遇到同样的困境。一个人终其一生性格做持续不变的事情，只有在小说里才能看到。只有环境的单一性，才会造成明显的性格单一性。我曾在其他著作中提出，一切精神结构都包括着各种性格的可能性，环境的突变就会使这种可能性呈现出来。这就解释了法国国民公会中最野蛮的成员为何原本都是些谦和的公民。在正常环境中，他们会是一些平和的公证人或善良的官员。暴动过后，他们又恢复了以往的性格，成为安静而守法的公民。拿破仑就在他们中间为自己找到了最恭敬顺从的臣民。

这里不可能对群体强弱不一的组织程度作全面的研究，所以我们只专注于那些已经达到完全组织化阶段的群体。这样我们就可以看到群体会变成什么样子，而不是它们丝毫不变的样子。只有在这个发达的组织化阶段，种族不变的主要特征才会被给予某些新特点。这时，集体的全部情感和思想中所表现出来的变化，就会表明一个明确的方向。只有在这种情况下，我之前所提到的群体精神统一性的心理学规律才开始产生作用。

在群体的心理特征中，有一些可能和孤立的个人没什么不同，但有一些则完全为群体所特有，因而只能在群体中看到。我们所研究的首要对象就是这些特征，以便能揭示它们的重要性。

一个心理群体所呈现出的最惊人的特点如下：构成这个群体的个人无论是谁，他们的生活方式、职业、性格或智力无论相同或是不同，一旦他们变成了一个群体，他们就获得了一种集体心理，这使得他们的感情、思想和行为变得与他们独自一人时的感情、思想和行为颇有不同。如果不是形成了一个群体，有些念头或情感在个人身上根本就不会产生，或不可能变为行动。心理群体是一个由异质成分形成的暂时现象，当他们结合在一起时，就如因为结合成一种新的存在而构成一个生命体的细胞一样，会呈现出一些特点，它们与单个细胞所具有的特点很不同。

和人们在机智的哲学家赫伯特·斯宾塞笔下发现的观点不同，在形成一个群体的人群中，不存在构成因素的总和或它们的平均值。事实上表现出来的，是由于出现新特点而形成的一种组合，就像某些化学元素——如碱和酸——反应后形成另外一种物质一样，它所具有的特性非常不同于使它能够形成的那些物质。

组成一个群体的个人不等同于孤立的个人，要证明这一点并不难，可是找出这种不同的原因却不容易。

要想多少知道一些原因，首先必须记住现代心理学所认可的真理，即无意识现象不仅在有机体的生活中，并且也在智力活动中，都发挥着一种压倒性的作用。与精神生活中的无意识因素相比，有意识因素只起着较小的作用。最细致的分析家和最敏锐的观察家，也不过只能找出一点支配他的行为的无意识动机。我们有意识的行为，主要是受遗传影响而产生的无意识的深层心理结构的产物。这个深层结构中包括着世代相传的无数共同特征，它们形成了一个种族先天的特性。在我们的行为之可以说明的原因背后，毋庸置疑地隐藏着我们没有说明的原因，但是在这些原因背后，还有另外许多我们自己一无所知的神秘因素。我们大多数的日常行为，都是我们无法观察到的一些隐秘动机的结果。

无意识构成了种族的先天特性，尤其在这个方面，属于该种族的个人之间是十分类似的，使他们彼此间有所不同的，主要是他们性格中有意识的方面——受教育的结果，但更多的是因为特殊的遗传条件。人们在智商上差异最大，但他们却有着十分相似的本能和情感。在属于情感领域的每一件事情上——宗教、政治、道德、爱憎等，即使是最杰出的人士也很少能比凡夫俗子高明多少。从智商上说，一个伟大的数学家和他的鞋匠可能有天壤之别，但单从性格来看，他们可能差别甚微或者根本没差别。

这些普遍的性格特征，受我们的无意识因素的支配，一个种族中的大多数普通人在同等程度上也具备这些特征。我认为，正是这些特征，才变成了群体中的共同属性。在集体心理中，个人的才智被减弱了，从而他们的个性也被减弱了。异质性被同质性所吞并，无意识的特质占了上风。

群体一般只具有很普通的品质，这一事实解释了它为何不能完成需要很高智商的工作。涉及到普遍利益的决策，都是由杰出人士组成的议会提出的，但是各行各业的专家并不会比一群庸人所采用的决定更高明。事实上，他们通常只能用每个普通个人与生俱来的平庸才智来处理手头的工作。群体中累加在一起的只有愚蠢而非天生的智慧。如果“整个世界”指的是群体，那就根本不像人们常说的那样，整个世界要比伏尔泰更聪明，倒不如说伏尔泰比整个世界更聪明。

如果群体中的个人只是把他们共同分享的普通品质集中在了一起，那么这只会带来更明显的平庸，而不会像我们实际所说的那样，创造出新的特点。这些新特点是怎样形成的呢？这就是我们现在要研究的问题。

有些不同的原因，对这些群体所特有、孤立的个人并不具备的特点起着决定的作用。第一个因素，即便仅仅只是从数量上考虑，形成群体的个人也会感觉到一股势不可挡的力量，这使他敢于发泄出本能的欲望，而在独自一人时，他是必须对这些欲望加以控制的。他很难约束自己不产生这样的念头：群体是个无名氏，因此也不需要承担责任。这样，总是约束着个人的责任感便彻底消失了。

第二个因素是传染的现象，也对群体的特点起着决定性的作用，同时还决定着它所接受的趋向。传染虽然是一种很容易确定其是否存在的现象，却不容易被解释清楚。必须把它当作一种催眠方法，下面我们就对此作一简单的研究。在群体中，每种感情和行动都具有传染性，其程度足以使个人随时准备为集体利益牺牲其个人利益。这是一种与他的天性极为对立的趋向，若不是成为群体的一员，他很少具备这样的能力。

决定群体特点的第三个因素，也是最重要的因素，同孤立的个人所表现出的特点截然相反。我这里指的是容易接受暗示的表现，它也

正是上面所说的相互传染所造成的结果。

想要理解这种现象，就必须记住最近的一些心理学发现。如今我们已经知道，通过不同的过程，个人可以被带入一种完全失去人格意识的状态，他对使自己失去人格意识的暗示者唯命是从，会做出一些同他的性格和习惯极为相反的举动。最细致的观察似乎已经证实，长时间融入群体行为的个人，不久就会发觉——或是因为在群体发挥催眠影响的作用下，或是由于一些我们无从知道的因素——自己进入一种特殊状态，它类似于被催眠的人在催眠师的操控下进入迷幻状态。被催眠者的大脑活动被麻痹了，他变成了自己脊椎神经中受催眠师随意支使的一切无意识行为的奴隶。有意识的人格消失得了无踪迹，意志和辨别力也不复存在。一切情感和思维都受着催眠师的左右。

大致上说，心理群体中的个人也处在这种状态之中。他不再能够意识到自己的行为。他就像被催眠的人一样，一些能力遭到了破坏，同时另一些能力却有可能得到很大的强化。在某种暗示的影响下，他会因为难以抵抗的冲动而采取某种行动。群体中的这种冲动，比被催眠者的冲动更难以抵抗，这是因为暗示对群体中的所有个人有着一样的作用，相互影响使其力量大增。在群体中，具有强大的个性，足以抵制那种暗示的个人寥寥无几，所以根本无法逆流而动。他们充其量只能因不同的暗示而改弦更张。比如，正因如此，有时只需一句悦耳的言辞或一个被及时唤醒的形象，就可以阻止群体最血腥的暴行。

现在我们知道了，有意识人格的消失，无意识人格的占得上风，思想和感情因暗示和相互传染而转向一个共同的方向，以及立刻把暗示的观念转化为行动的趋向，是组成群体的个人所呈现出来的主要特点。他不再是他自己，他变成了一个不再受自己意志支配的玩偶。

更进一步说，单是他变成一个有机群体的成员这个事实，就能使他在文明的阶梯上倒退好几步。孤立的他也许是有教养的个人，但在群体中他却变成了野蛮人，即一个行为受本能支配的动物。他表现得身不由己，残忍而狂躁，也表现出原始人的热情和英雄主义，和原始人更为类似的是，他甘愿让自己被各种言语和形象所打动，而组成群体的个人在孤立存在时，这些言语和形象根本不会产生任何影响。他会不由自主地做出同他最显而易见的利益和最熟悉的习惯完全相反的举动。一个群体中的个人，不过是众多沙粒中的一颗，可以被风吹到任何地方。

正是由于这些因素，人们看到陪审团作出陪审员作为个人不会赞成的判决，议会实施着每个议员个人不可能同意的法律和措施。在法国大革命时期，国民公会的委员们，如果分开来看，都是举止亲和的开明公民。但当他们结成一个群体时，却毫不犹豫地听令于最野蛮的提议，把完全清白无罪的人送上断头台，并一反自己的利益，放弃他们不可侵犯的权利，即使在自己人中间也滥杀无辜。

群体中的个人不但在行动上和他本人有着本质的区别，甚至在完全失去独立性之前，他的思维和情感就已经发生了变化，这种变化是如此深刻，它可以让一个守财奴变得挥霍无度，把怀疑论者变成支持论者，把老实人变成罪犯，把懦夫变成勇士。在 1789 年 8 月 4 日那个值得纪念的晚上，法国贵族一时的激情澎湃，毅然决然地投票放弃了自己的特权，如果他们只是单独考虑这件事，没有一个人会表示同意。

从上述讨论得出的结论是，群体在智商上总是低于孤立的个人，但是从感情及其激起的行为这个角度看，群体可以比个人表现得更好或更差，这全取决于环境如何，一切取决于群体所接受的暗示具备什么性质。这就是只从犯罪角度研究群体的作家完全没有理解的要素。群体固然常常是犯罪群体，但它也时常是英雄主义的群体。正是群体，而不是孤立的个人，会不顾一切地慷慨赴难，为一种教义或观念的成功提供了保证；会怀着赢取荣誉的热情赴汤蹈火；会导致——就像十字军的时代那样，或者像 1793 年那样捍卫自己的祖国。这种英雄主义毫无疑问有着无意识的成分，然而正是这种英雄主义造就了历史。如果人民只会以冷酷无情的方式做一番大事业，世界史上便不会留下他们多少记录了。

第二章　群体的感情和道德观

提要

1. 群体的冲动、易变和急躁。所有刺激因素都对群体有支配作用，并且它的反应会不停地发生变化；群体往往不会深思熟虑。2. 群体易受暗示和轻信。群体受暗示的左右；它把头脑中产生的幻觉当作现实；为什么这些幻觉对组成群体的所有个人都是一样的；群体中有教养的人同无知的人没有区别；群体中的个人受幻觉支配的实例；史学著作的价值甚微。3. 群体情绪的夸张与单纯。群体不允许怀疑和不确定；它们的感情总是走极端。4. 群体的偏执、专横和保守。这些感情的缘由；群体面对强权卑躬屈膝；一时的革命本能不妨碍他们极端保守；对变化和进步的本能敌视。5. 群体的道德。群体的道德可以比个人高尚或低劣；解释和实例；群体很少被利益的考虑所左右；群体的道德净化作用。

在概括地说明群体的主要特征之后，还要对这些特征的细节进行研究。

应当指出群体的某些特点，如冲动、急躁、缺少理智、没有判断力和批判精神、夸大情感等，几乎总能够在低级进化形态的生命中看到，如妇女、野蛮人和儿童。不过这一点我只是顺便一提，对它的论述不在本书的范围之内。再说，这对于熟悉原始人心理的人没什么用途，也很难让对此事一无所知的人相信。

现在我就循序渐进地讨论一下可以在大多数群体中所看到的不同特征。

一、群体的冲动、易变和急躁

我们在研究群体的基本特征时曾经说过,它几乎完全受无意识动机的支配。它的行为主要不是受大脑而是受脊椎神经系统的影响。在这个方面,群体与原始人非常类似。就表现而言,他们的行动可以说非常完美,然而这些行为并不受大脑的支配,个人是按照他所受到的刺激因素决定自己的行动。所有刺激因素都对群体有所控制,并且它的反应会不断地发生变化。群体是刺激因素的奴隶。孤立的个人就像群体中的个人一样,同样会受到刺激因素的影响,但是他的大脑会向他传达,受冲动的摆布是不可取的,因此他会制约自己不受摆布。这个道理可以用心理学语言表述如下:孤立的个人具有主宰自己反应行为的能力,而群体缺少这种能力。

依据让群体产生兴奋的原因, 它们所服从的各种冲动可以是豪迈的或残暴的、勇猛的或怯弱的,但是这种冲动总是极其强烈,因而个人利益,甚至保存生命的利益,也很难支配它们。刺激群体的因素很多,群体总是屈从于这些刺激,因而它也极为多变。这就解释了我们为什么会看到,它可以在转眼之间就从最血腥的狂热转变为最极端的宽宏大量和英雄主义。群体很容易作出刽子手的举动,同样也很容易慷慨赴义。正是群体,愿意为每一种信仰的胜利而不惜血流成河。若想了解群体在这方面能作出什么事情，不需要回顾英雄主义时代。它们在起义中从不吝啬自己的生命，就在不久之前，一位突然声名鹊起的将军可以轻而易举地找到上万人，只要他一声令下，他们就会为他的事业牺牲生命。

所以，群体根本不会做任何预先策划。他们可以先后被最矛盾的情感所刺激，但他们又总是受眼前刺激因素的影响。他们就像被风暴卷起的树叶，往各个不同的方向飞舞，然后又落在地面上。下面我们研究革命群体时，会列举出一些他们感情多变的事例。

群体的这种易变性会让它们难以统治，当公共权力落到它们手里时尤其如此。一旦日常生活中各种必需的事情不再对生活构成看不见的约束，民主就几乎不可能持续很久了。另外，群体虽然有着各种狂乱的愿景，它们却不能持久。群体没有能力作任何长远的打算或考虑。

群体不仅冲动而且多变。就像野蛮人一样，它不准备承认，在自己的愿望和这种愿望的实现之间会出现任何阻碍，它没有能力理解这种中间阻碍，因为数量上的强大使它感到自己势不可挡。对于群体中的个人来说，不可能的概念不见了。孤立的个人很清楚，在独自一人时，他不能焚毁宫殿或洗劫商店，即使受到这样做的诱惑，他也很容易抵抗这种诱惑。但是在成为群体的一员时，他就会意识到人数给予他的力量，这足以让他生出杀人掠夺的念头，并且会立即屈从于这种诱惑。出乎预料的障碍会被狂暴地毁灭。人类机体的确能够产生大量狂躁的激情，因而可以说，愿望受阻的群体所形成的常态，也就是这种激愤状态。

种族的基本特征是我们产生一切情感的唯一来源，它也总是会对群体的急躁、冲动和多变产生影响，正如它会影响到我们所研究的一切大众情感一样。所有的群体毫无疑问总是急躁而冲动的，但程度却很不相同。例如拉丁民族的群体和英国人的群体就有十分显著的区别。最近法国历史中的事件为这一点提供了生动的说明。25年前，仅一份据说是某位大使受到侮辱的电报被公诸于众，就足以触犯众怒，结果是立刻引起了一场可怕的普法战争。几年后，关于谅山一次无足轻重的失败的电文，再次激发起人们的怒火，由此导致政府立即垮台。就在同时，英国在远征喀土穆时遭受的一次非常严重的挫败，却只在英国引起了轻微的情绪，甚至大臣都未被解除官职。任何地方的群体都有些女人气，拉丁族裔的群体则女人气最多，凡是赢得他们信赖的人，命运会立刻为之改变。但是这样做，无一例外地等同于在悬崖边上散步，不定哪天必然会跌入深渊。

二、群体的易受暗示和轻信

我们在定义群体时说过，它的一个普遍特征是极容易受到别人的暗示，我们还指出了在一切人类集体中暗示的传染性所能达到的程度；这个事实解释了群体感情向某个方向的快速转变。不管人们认为这一点多么无关紧要，群体通常总是处在一种期待注意的状态中，因而很容易受人暗示。最初的提示，通过相互传染的过程，会很快进入群体中所有人的大脑，群体感情的一致倾向会立刻变成一个既定的事实。

正像所有处在暗示影响下的个人所示，进入大脑的念头很容易变成实际行动。无论这种行动是纵火焚毁宫殿还是作出自我牺牲，群体都会在所不辞。一切都取决于刺激因素的性质，而不再像孤立的个人那样，取决于受到暗示的行动与全部理由之间的联系，后者可能与采取这种行为极为对立。

于是，群体永远漫步于无意识的领地，会随时听令于一切暗示，表现出对理性的影响无动于衷的生物所特有的激情，它们失去了一切批判的能力，除了极端轻信外再无其他。在群体中间，不可能存在不可能的事，要想对那些编造和传播虚假的神话故事的能力有所理解，必须牢牢地记住这一点。

一些可以轻易在群体中流传的神话之所以能够产生，不仅是因为他们极端轻信，也是事情在人群的想象中经过了奇妙曲解之后造成的结果。在群体众目睽睽之下发生的最简单的事情，不久也会变得面目全非。群体是用形象来思考的，而形象本身又会立即引起与它毫无逻辑联系的一系列形象。我们只要思考一下，有时我们会因为在脑海中想到的任何事实而产生一连串幻觉，就很容易理解这种状态。我们的理性告诉我们，它们之间没有任何联系。但是群体对这个事实却视若无睹，把歪曲性的想象力所引起的幻觉和真实性事件混做一谈。群体很少对主观和客观加以分别。它把头脑中产生的影像也当作现实，尽管这个影像同观察到的事实几乎只有微乎其微的联系。

群体对自己看到的事件进行歪曲的方式，似乎既多且杂，各不相似，因为组成群体的个人有着非常不同的趋向。然而情况并非如此。作为相互传染的结果，受到的歪曲是一样的，在群体中所有个人表现出一样的状态。

群体中的某个个人对真相的第一次歪曲，是传染性暗示过程的起点。耶路撒冷墙上的圣乔治出现在所有十字军官兵面前之前，在场的人里肯定有个人首先感觉到了他的存在。在暗示和相互传染的煽动下，一个人编造的奇迹，立刻就会被所有的人接受。

历史中经常出现的这种集体幻觉的机制向来如此。这种幻觉似乎具有一切公认的真实性特点，因为它是被成千上万人察觉到的现象。

若想反驳以上言论，没有考虑组成群体的个人的智力品质的必要。这种品质不足为重。从他们成为群体一员之日开始，博学之人便和白痴一起失去了观察能力。

这个论点似乎说不太通。若要消除人们的疑虑，必须研究大量的历史史实，即便写下好几本书，也不足以达到这个目的。

但是我不想让读者觉得这是些没有得到论证的观点。因此我要为它举出几个事例，它们都是从可以引用的无数事例中随意挑选出来的。

下面有个最典型的实例，因为它来自使群体成为牺牲品的集体幻觉。这些群体中的个人，既有最无知的，也有最有学识的。一名海军上尉朱利安·费利克斯在他的《海流》一书中偶然提到了这件事，《科学杂志》也曾加以引用。

护航舰“贝勒·波拉”号在外海游弋，想寻找到在一场风暴中与它走散的巡洋舰“波索”号。当时正是阳光灿烂的大白天，值勤兵忽然发现了有一艘船只遇难的信号。船员们沿着信号指示的方向望去，所有官兵都清晰地看到一只载满了人的木筏被发出遇难信号的船拖着。可是这不过是一种集体幻觉。德斯弗斯上将放下一艘船去营救遇难者。在接近目标时，船上的官兵看到“有一大群活着的人，他们伸着手，能够听到许多杂乱的声音在哀号”。但是在到达目标时，船上的人却发现自己不过是找到了几根长满树叶的树杈，它们是从附近海岸漂过来的。在一目了然的事实面前幻觉才消失了。

在这个实例中，可以清晰地看到我们已经解释过的集体幻觉的作用机制。一方面，我们看到一个在期冀中观望的群体，另一方面是值勤者发现海上有遇难船只的信号这样一个暗示。在相互传染的过程中，这一暗示被当时的全体官兵所接纳。

使眼前发生的事实遭到歪曲，真相被与它无关的幻象所取代——群体中出现这种情况，不一定需要人数众多。只需几个人聚集在一起就能形成一个群体，就算他们全是博学之才，在他们的专长之外同样会表现出群体的所有特征。他们每个人所具有的洞察力和批判精神马上就会消失。敏锐的心理学家达维先生为我们提供了一个和这里的问题有关的非常奇妙的事例，最近的《心理学年鉴》提到了这件事。达维先生把一群杰出的观察家召集在一起，其中也有英国最著名的科学家之一的华莱士先生。在让他们审核了物体并根据自己的意愿做上标识之后，达维先生当着他们的面表演了精神现象即灵魂现形的过程，并让他们把它记录下来。这些杰出观察家得到的报告全都同意，他们所观察到的现象只能用超自然的手段获得。他向他们说明，这只不过是简单的骗术造成的结果。“达维先生的研究中最令人吃惊的特点”，这份文献的作者说，“不是骗术本身的奇特，而是外行目击

者所提供的报告的极端虚假”。他说:“很明显,甚至众多目击者也会列举出一些完全错误的条件关系,但得出的结论是,假设他们的叙述被认为是正确的,他们所叙述的现象便不能用骗术来解释。达维先生发明的方法非常简单,人们对他竟敢采用这些方法不免感到讶异。但是他具备支配群体大脑的能力,他能让他们相信,他们看到了自己并没有看到的事情。”这里我们碰到的依然是催眠师影响被催眠者的能力。由此可见,对于思维非常缜密,事先就要求其抱着怀疑态度的人,这种能力都可以发挥作用,它能轻易让普通群体上当受骗也就不足为怪了。

类似的例子还有许多。当我写下这些文字时,报纸上充斥着两个小女孩在塞纳河溺水身亡的报道。五六个目击者言辞恳切地说,他们认出了这两个孩子。所有的证词如出一辙,不容预审法官再有其他疑虑。他签署了死亡证明。但就在为孩子举行葬礼时,一个偶然的事件让人们发现,本来以为死了的人仍然活着,并且她们和溺水而亡的人没有多少相似的地方。就如前面提到的事例一样,第一个目击者本人就是幻觉的牺牲品,他的证词就足以对其他目击者产生影响。

在这类事情中,暗示的起点一般都是某个人多少有些不清晰的记忆所产生的幻觉,在这一最初的幻觉得到肯定之后,就会引发相互传染。如果第一个观察者非常没有主见,他相信自己已经辨认出的尸体,有时会表现出——除了一切真实的相似处之外——一些特征,譬如一块疤痕什么的,或一些让其他人产生同感的装扮上的细节。由此产生的同感会变成一个肯定过程的核心,它会征服理解力,掐灭一切判断力。观察者这时看到的不再是客体本身,而是他头脑中产生的幻觉。在旧事重提的报纸里所记录的以下事例中，孩子的尸体竟被自己的母亲认错，由此可以得到解释。从这种现象中，肯定能够找出我刚才已指出其作用的两类暗示。

另一个孩子认出了这个孩子，但他搞错了。然后又开始了没有依据的辨认过程。一件不同寻常的事发生了：在同学辨认尸体的第二天，一个妇女喊道："天啊，那是我的孩子！"

她靠近尸体，观察他的衣服，又看看他额头上的伤痕。"这肯定是我儿子，"她说，"他去年七月失踪，他一定是被人拐卖杀害了。"

这女人是福尔街的看门人，姓夏凡德雷。她的表弟也被叫来。问到他时，他说："那是小费利贝。"住在这条街上的好几个人，也认出了在拉弗莱特找到的这孩子是费利贝·夏凡德雷，其中有这孩子的同学，他所依据的是那孩子佩带的一枚徽章。

但是，邻居、表弟、同学和做妈的全搞错了。六周后，那孩子的身份得到了证实。他是波尔多人，在那里被人杀害，又被一伙人运到了巴黎。应该指出，产生这种误认的经常是妇女和儿童——即最没主见的人。他们也向我们表明，这种目击者在法庭上会有什么价值。尤其就儿童而言，绝不可以拿他们的证词当真。地方长官善于说童言无忌。哪怕他们只有一点基本的心理学修养，他们也会知道，事情正好相反，儿童一直就在撒谎。当然，这是一种无辜的谎言，但它依然是谎言。正如经常发生的情况那样，用孩子的证词来决定被告的命运，还不如用扔硬币的方式来得合适。

还是回到群体观察力这个问题上来吧。我们得出的结论是，他们的集体观察极可能出错，大多数时候它所表现的是在传染过程中影响着同伙的个人幻觉。各种事实都证明,应当明智地认为群体的证词极不可靠，它甚至能够达到无法复制的程度。25 年前的色当一役,有数千人参与了著名的骑兵进攻，但是面对那些最为矛盾的目击者证词,根本不可能推定谁在指挥这场战役。英国将军沃尔斯利爵士在最近的一本书中表明,有关于滑铁卢战役中一些最重要的事件,到现在一直有人在犯着最严重的事实错误——这是一些由数百人证明过的事实。

这些事实向我们表明了群体的证词价值何在。讨论逻辑学的文章有无数证人的一致同意，因而属于能用来支持事实之准确性的最强有力的证明。但我们的群体心理学知识告诉我们,在这个问题上,讨论逻辑的文章需要重写。受到最严重怀疑的事件,肯定是那些观察者人数最多的事件。说一件事同时被数千个目击者所证明,这通常也就是说真相与公认的记述相差甚远。

从以上情况得出的明显结论是，只能把史学著作当作纯粹假象的产物。它们是对观察有误的事实所做的无依据的记述,并且混杂着一些对思考结果的解释。写这样的东西完全是在虚度光阴。假使历史没有给我们留下它的文学、艺术和不朽之作,我们对过去时代的真相便一无所知。关于那些在人类历史上发挥过重大作用的伟大人物的平生,如赫拉克利特、释迦牟尼或穆罕默德,我们拥有一句真实的记录吗?我们极可能一句也没有。不过实际地说,他们的真实生平对我们无关紧要。我们想要了解的,是我们的伟人在大众神话中表现出什么形象。打动群体内心的是神话中的英雄,而不是一时的真实英雄。

不幸的是,神话虽然被清晰地记录在书中,它们自身却无稳定性可言。随着时光的流逝，尤其是由于种族的缘由，群体的想象力在不停地改变着它们。

英雄的神话因为群体的想象力而改变，使英雄离我们远去，也无须几百年的时间。转变有时就发生在几年之内。我们在自己这个时代就能看到，历史上最了不起的英雄之一的神话，在不到50年间便改变了数次。在波旁家族的统治下，拿破仑成了田园派和自由主义的慈善家，一个卑微者的朋友。在诗人眼里，他注定会长期留存于乡村人民的记忆之中。30年后，这个步履安详的英雄又变成了一个嗜血成性的暴君，他在篡夺权力并毁灭了自由之后，仅仅只是为了满足自己的野心，便让300万人死于非命。如今我们看到这个神话又在发生改变。数千年之后，未来的博学之士面对这些矛盾百出的记录，也许会对是否真存在过这位英雄表示怀疑，就如现在有些人怀疑释迦牟尼一样。从他身上，他们只会看到一个光彩照人的神话或一部赫拉克利特式传奇的演变。对这种缺乏准确性的情况，他们毫无疑问很容易心安理得，因为同今天的我们相比，他们更明白群体的特点和心理。他们知道，除了神话之外，历史没有多少保存其他记忆的能力。

三、群体情绪的夸张与单纯

群体表现出来的感情无论是好是坏，其突出的特点就是极其简单而夸张。在这方面，就像其他许多方面一样，群体中的个人雷同于原始人，因为他不能作出细致的区分，他把事情看作一个整体，看不到它们的中间过渡状态。群体情绪的夸张也受到另一个事实的强化，即无论什么感情，一旦它表现出来，通过暗示和传染过程而非常迅猛地传播，它所明确赞扬的目标就会力量大增。

群体情绪的简单和夸张所得出的结果是，它全然不理解怀疑和不确定性是何物。它就像女人一样，很容易便会陷入极端。怀疑一说出口，立刻就会成为不容辩解的证据。心生厌恶或持有反对意见，假如只是发生在孤立的个人身上，不会有什么力量，若是群体中的个人，却能立刻变为勃然大怒。

群体感情的狂躁，尤其是在异质性群体中间，又会因责任感的彻底消亡而强化。意识到肯定不会受到惩罚——而且人数越多，这一点就越是确定——以及因为人多势众而产生一时的力量感，会使群体表现出一些孤立的个人不可能有的情绪和行为。在群体中间，傻瓜、低能儿和心怀嫉妒的人，摆脱了自己卑微无能的感觉，会察觉到一种残忍、短暂但又强大的力量。

不幸的是，群体的这种夸张趋向，时常作用于一些恶劣的感情。它们是原始人的本能隔代遗传的残留，孤立而负责的个人因为担心受到惩罚，不得不对它们有所约束。因此群体很容易干出最恶劣的极端勾当。

不过，这并不意味着群体不能在巧妙的影响之下，表现出英雄主义、献身精神或最崇高的美德。他们甚至比孤立的个人更能体现出这些品质。当我们研究群体的道德时，我们很快还有机会返回到这个话题上来。

群体因为夸大自己的情感，因此它只会被极端感情所打动。希望感动群体的演说家，必须出言不逊，信誓旦旦、夸大其词、言辞恳切、不断重复、绝对不以说理的方式证明任何事情——这些都是公众集会上的演说家惯用的论述技巧。

进一步说，对于他们自己的英雄的情感，群体也会做出相似的夸张。英雄所表现出来的品德，肯定总是被群体夸大。早就有人正确地指出，观众会要求舞台上的英雄具备现实生活中不可能存在的勇气、道德和美好品质。

在剧场里观察事物的特殊立场，早就有人正确意识到它的重要性。这种立场毋庸置疑是存在的，但是它的原则与常识和逻辑基本上毫无相似之处。打动观众的艺术当然品味流俗，不过这也需要特殊的才能。通过阅读剧本来阐释一出戏的成功，往往是不可能的。剧院经理在接受一部新戏时，他们自己通常并不知道它能否取得成功，因为如果想对这事作出判断，他们必须先把自己变成观众。

这里我们又一次可以做出更宽泛的解释。我们会说明种族因素的压倒性影响。一部在某国掀起热情的歌剧，在另一国却未取得成功，或只取得了部分的或平凡的成绩，是由于它没有产生能够作用于另一些公众的影响力。

我没有必要再补充说，群体的夸张倾向只作用于情感，对智力不起丝毫作用。我已经表明，个人一旦成为群体的一员，他的智力会立即大大下降。一位有学问的官员塔尔德先生，在研究群体犯罪时也证实了这一点。群体仅仅能够把感情提升到极高或反之——极低的境界。

四、群体的偏执、专横和保守

群体只知道简单而极端的情感；提供给他们的各种意见、想法和信念，他们或者全盘接受，或者一律拒绝，将其视作绝对真理或绝对谬论。用暗示的办法加以诱导而不是作出合理解释的信念，向来都是如此。与宗教信仰有关的偏执及其对人们的头脑实施的不民主统治，早就为大家所知。

对何为真理、何为谬误不容置疑，另一方面，又清楚地意识到自己的强大，群体便给自己的理想和偏执给予了专横的特质。个人可以接受矛盾，进行讨论，群体是绝对不会这样做的。在公众集会上，演说者哪怕作出最轻微的辩驳，立刻就会招来怒吼和粗暴的叫骂。在一片嘘声和驱赶声中，演说者很快就会败下阵来。当然，倘若现场缺少当权者的代表这种约束性因素，反驳者往往会被打死。

专横和偏执是一切种类的群体的共性，但是其强度各有不同。在这个方面，支配着人们情感和思维的基本的种族观念，会一再呈现出来。尤其在拉丁民族的群体中，可以看到专横和偏执能够发展到无可复制的地步。事实上，这两种态度在拉丁民族的群体中的发展，已经彻底破坏了盎格鲁-萨克逊人所具有的那种强烈的个人独立感情。拉丁民族的群体只关心他们所属宗教派别的集体独立性，他们对独立有独特的见解，认为必须让那些与他们意见相悖的人立即强烈反对自己的信念。在各拉丁民族中间，自宗教法庭时代以来，各个时期的雅各宾党人，对自由从未有过另一种理解。

专横和偏执是群体有着准确认识的情感，他们很容易产生这种情感，而且只要有人在他们中间煽动起这种情绪，他们随时都会将其付诸实际行动。群体对强权俯首称臣，却很少为仁慈心肠所动，他们认为那不过是软弱可欺的另一种形式。他们的同情心从不听令于作风温和的主子，而只向严厉欺压他们的暴君低头。他们总是为这种人塑起最宏伟的雕像。没错，他们喜欢践踏被他们剥夺了权力的统治者，但那是因为在失势之后他也变成了一介平民。他受到轻蔑是因为他不再让人害怕。群体喜欢的英雄，永远像个凯撒。他的权杖吸引着他们，他的权力威震着他们，他的利剑让他们怀揣敬畏。

群体随时会反抗软弱可欺之人，对强权低声下气。如果强权断断续续，而群体又总是被极端情绪所掌控，它便会表现得反复无常，时而胡作非为，时而奴颜婢膝。

然而，如果以为群体中的革命本能处于领导地位，那就完全误解了它们的心理。在这件事上使我们上当的，不过是它们的暴力趋向。它们的反叛和破坏行为的爆发总是非常短暂，群体强烈地受着无意识因素的支配，因而很容易屈服于世俗的等级制，难免会十分保守。对它们置之不理，它们很快就会对混乱感到厌倦，本能地变成奴隶。当波拿巴压制了一切自由，让每个人都对他的铁血有切肤之感时，向他发出欢呼的正是那些最桀骜不恭的雅各宾党人。

如果不考虑群体深刻的保守本能，就难以理解历史，尤其是民众的革命。不错，它们可能寄希望于改朝换代，为了取得这种变革，它们有时甚至发动暴动，然而这些旧制度的本质依然反映着种族对等级制的需要，因而它们不可能得不到种族的服从。群体的多变，只会影响到

很表面的事情。其实它们就像原始人一样，有着牢不可破的保守本能。它们对一切传统的迷恋与崇敬是绝对的；它们对一切有可能改变自身生活基本状态的新鲜事物，有着根深蒂固的无意识的恐慌。在发明纺织机或出现蒸汽机和铁路的时代，如果民主派掌控着他们今天拥有的权力，这些发明也不可能实现，或至少要付出革命和不断杀戮的代价。相对于文明的进步而言，值得庆幸的是，只是在伟大的科学发明和工业出现后，群体才开始掌控了权力。

五、群体的道德

如果“道德”一词指的是持久地尊重一定的社会习俗，不断压抑私心的冲动，那么显然可以说，因为群体易冲动，太多变，因而它不可能是道德的。反之，如果我们把某些一时表现出来的品德，如舍己为人、自我牺牲、不计功名、献身精神和对平等的渴望等，也算作“道德”的内容，那么我们可以说，群体经常会呈现出很高的道德境界。

研究过群体的少数心理学家，只看重于他们的犯罪行为，在看到经常发生这种行为之后，他们得出的结论是，群体的道德水平十分低下。

这种情况当然经常存在。但为什么是这样呢？这不过是因为我们从原始时代就继承了野蛮和破坏性的本能，它潜伏在我们每个人的身上。孤立的个人在生活中满足这种本能是很危险的，但一旦他加入一个不负责任的群体时，由于很清楚不会受到惩罚，他便会彻底释放这种本能。在生活中，我们不能向自己的同胞发泄这种破坏性本能，便把它发泄在动物身上。群体捕猎的热情与残忍，有着同样的根源。群体慢慢杀死没有反抗能力的牺牲者，表现出一种十分怯弱的残忍。不过在哲学家看来，这种残忍，与几十个猎人成群结队地用猎犬追捕和杀死一只不幸的鹿时所展现出的残忍，有着非常紧密的联系。

群体可以杀人放火，无恶不作，但是也可能展示出极崇高的献身、牺牲和不计名利的举动，即孤立的个人根本做不到的极崇高的行为。以声誉、光荣和爱国主义作为号召，最有可能影响到组成群体的个人，而且经常能达到使他慷慨就义的地步。像十字军远征和 1793 年的志愿者那种事例，历史上俯首皆是。只有集体能够表现出伟大的不计名利和献身的精神。群体为了自己只有半知不解的信仰、观念和只言片语，便勇敢地面对死亡，这样的事例何止千万！不断举行示威的人群，更有可能是为了服从一道命令，却不是为了增加一点养家糊口的薪水。私人利益几乎是孤立的个人唯一的行为动机，却极少成为群体的强大动力。在群体的智力难以理解的多次战争中，支配着群体的肯定不是个人利益——在这种战争中，他们甘愿自已被人虐杀，就像是被猎人施了催眠术的小鸟。

即便在一群罪大恶极的坏蛋中间，经常也会出现这样的情况，他们仅仅因为是群体中的一员，便会表现出暂时严格的道德纪律。泰纳让人们注意一个事实，"九月惨案"的犯人们把他们从牺牲者身上找到的钱包和钻石放在会议桌上，本来他们是很容易将这些东西据为己有的。1848 年革命期间，在占领杜伊勒利宫时呼啸而过的群众，并没有沾染那些让他们兴奋不已的战利品，而其中的任何一件都意味着更多时日的面包。

群体对个人的这种道德净化作用，肯定不是一种一成不变的常规，然而它却是一种时常可以看到的常态。甚至在不像我刚才说过的那样严重的场景下，也可以看到这种情况。我前面提到，剧院里的观众要求作品中的英雄有着夸张的品德，一般也可以看到，一次集会，即使其成员品质低劣，往往也会表现得一本正经。放荡不羁的人、拉皮条的人和粗人，在有些危险的场合或谈话中，通常会一下子变得细声细语，虽然与他们习惯了的交谈相比，这种场合不会造成更多的伤害。

群体虽然经常放纵自己低劣的本能，他们也时常树立起崇高道德行为的典范。如果不计名利，顺从和绝对献身于真正的或虚幻的理想，都能算作美德，那就可以说，群体时常具备这种美德，而且它所达到的水平，即使最聪明的哲学家也望尘莫及。他们当然是在无意识地实践着这些美德，然而这无碍大局，我们不该对群体求全责备，说他们常常受无意识因素的左右，不善于动脑筋。在某些情况下，如果他们开动脑筋考虑起自己的个人利益，我们这个星球上根本就不会成长出文明，人类也就不会有自己的历史了。

第三章　群体的观念、推理与想象力

提要

1. 群体的观念。基本观念和次要观念；相互矛盾的观念为何能够并存；高深的观念必须经过改造才能被群众所接受；观念的社会影响与它是否包含真理无关。2. 群体的理性。群体不受理性的影响；群体只有十分低下的推理能力。它所接受的观念只有表面上的相似性或连续性。3. 群体的想象力。群体有着强大的想象力；群体只会形象思维，这些形象之间没有关系；群体易受神奇事物的感动，神奇事物是文明的真正支柱；民众的想象力是政客的权力基础；能够以事实触发群体想象力的方式。

一、群体的观念

在上一本著作中，我们研究了群体观念对各国发展的影响，那时我们就指出，每一种文明都是屈指可数的几个观念的产物，这些观念很少遭到变革。我们说明了这些观念在民众心中是怎样根深蒂固，想要影响它们其过程是怎样艰难，以及它们一旦化为行动力量是怎样巨大。最后我们又说，历史大动荡就是这些观念变革的结果。

我们已经多这个问题讨论得很全面了，所以此处就不再赘言。这里我只想简单谈谈群体能够接受什么样的观念，以及他们领悟这些观念的方式。

这些观念可以分为两类。一类是由于环境的短暂影响而转瞬即逝的观念，比如那些只能引起某个人或某种理论关注的观念。另一类是基本观念，它们因为周边环境、遗传定律或公众的意见而具有极大的稳定性。过去的宗教观念、如今的民主观念等都是这类观念。当今社会，被我们的父辈尊为人生信条的那种观念已经岌岌可危。它们的稳定性已经不复存在，与此同时，建立在它们之上的制度也受到了强烈的动摇。那种过眼云烟一般的观念每天都在产生，但它们很少具有生命力并产生深远影响。提供给群体的不论是什么观念，只有当它们具有说一不二、毫不妥协、简单明了的形式时，才能产生明显的影响。所以它们都会披上这种形象的外衣，也只有用这种形式，它们才能被群众所接受。这些形象化的观念之间，没有任何逻辑上的相似性或连续性，它们可以相互取代，就像操作者从幻灯片机中抽出一张又一张叠放在一起的幻灯片一样。这就解释了为什么群体之中同时存在最矛盾的观念。随着时机的变化，群体会处于它所能理解的某一种观念的影响下，因而能做出截然不同的事情。群体完全没有批判精神，所以根本察觉不到这其中的矛盾。

这种现象并不是群体所特有的，在很多人身上都能看到这种现象，这些人既包括野蛮人，也包括在智力的某些方面接近野蛮人的人，比如宗教信仰上的狂热分子等。我见到过，在我们欧洲的大学里受过教育并拿到文凭的有教养的印度人，就曾令人费解地表现出这种现象。有一部分西方的观念附在了他们那根深蒂固的传统观念之上。随着场合不同，这两套观念会分别被他表现出来，伴随着相应的言谈举止，这使得一个人的行为看上去特别矛盾。不过，这种矛盾与其说是真正存在，不如说是一种假象。因为只有世代相传的观念，才能对孤立的个人产生足够的影响，成为他行为的动机。只有一个人因为不同种族通婚而处在不同的传统观念的冲击中时，他的行为才会表现出真正的截然对立。这些现象虽然在心理学上至关重要，但我们在此过多讨论它们并没有什么意义。我的提议是，想要理解它们，必须花上十年时间去各地游历进行观察才行。

一种观念想要被群体接受，其表现形式必须是简单易懂的，为此需要对它进行一番彻底的改造。尤其是当我们面对深不可测的哲学观念或科学观念时，为了使它们适应群体的智力水平，更需要对它们进行极其深刻的改造。这些改造如何进行取决于群体的类型或群体所属的种族的性质，不过其一般趋势都是观念的通俗化和简单化。这就解释了，从社会的角度来看，观念是没有等级制的，也就是说，观念没有高低贵贱之分。一种观念，不论其刚产生时是多么伟大和正确，随着他进入群体的智力范围并对它们产生影响，它的伟大或高深都会消失不见了。

不过从社会的角度看，一种观念的价值究竟有多大，并不在于其固有价值如何，重要的是它所产生的影响。例如，中世纪的宗教观念，上个世纪的民主观念等都不能说是十分高深。从哲学的角度看来，它们只能算是一些令人惋惜的失误，但是，它们的威力却十分强大，在未来很长一段时间，它们将对各国的动态起决定性作用。

甚至，当一种观念经过彻底的改造，最终为群体所接受时，它也只有在进入无意识领域成为一种情感后才能产生影响，这需要很长时

间。其中涉及到的种种过程，我们会在下文中讨论。

千万不要以为，只要一种观念是正确的，它就至少能够进入有文化的人的头脑并对他产生影响。只要看一下最确凿的证据却对大多数人影响甚微这一事实，就会明白这一点。有些显而易见的证据，可能会被有文化的人接受，但是很快就会无意识地回到他原来的观念中。人们将会看到，过不了几天他就会回到老样子，用相同的语言提出他之前的证明。实际上他仍处在以往观念的控制下，这种观念已经化为情感，它是影响我们每个行为的最隐秘的动机。群体中的情况也不例外。

当观念通过各种形式，最终进入了群体的头脑并产生了一系列效果时，想和它抵抗已经没有意义了。引发法国大革命的那些哲学观念，用了进一个世纪的时间，终于深入人心。一但它们变得根深蒂固，其力量之大已无法抵抗。整个民族为了实现社会平等、抽象的公民权利和理想的自由所付出的努力使所有的王室都摇摇欲坠，整个西方世界被撼动了。在 20 年的时间里，各国内乱不断，欧洲出现了让人胆战心惊的大屠杀。世界上还没有因为一种观念的传播而造成了如此大规模的悲剧性后果。

让观念在人们的心中生根需要很长时间，同样，拔除它们所需的时间也短不了。因而，就观念而言，群体总是落后于饱学之士和哲学家好几代人的时间。其实所有的政客都知道，我刚才说的那几种基本观念中都包含着错误的成分，但是它们的影响已经树大根深，让政客们不得不依据自己已经不再相信的“真理”中的原则进行统治。

二、群体的理性

不能够断言，群体不存在理性或不受理性影响。但是它所接受的以及能够对它产生影响的推理，从逻辑上看属于比较低劣的一类，甚至把它们称为推理，充其量只能算作一种比喻的说法。

如同高级的推理一样，群体那低劣的推理也需要借助观念才能进行，但是在群体所运用的各类观念之间，只存在着表面上的联系。群体的推理方式跟爱斯基摩人的方式很像，后者从经验中得知，冰这种透明的物质放在嘴里会融化，于是他们认为同样是透明物质的玻璃放在嘴里也会融化；又像一些野蛮人，以为吃下了骁勇剽悍的对手的心脏，就可以得到他的胆魄；或是像一些受雇主剥削的苦力，立刻认为全天下的雇主都是剥削他们的人。

群体推理的特点，就是把表面相似而实质不同的事务联系起来，而且立即就能把具体的事物普遍化。懂得如何操纵群体的人，给他们提供的也是这种推理，这是能够影响群体的唯一推理。相反，那种一环扣一环的逻辑论证，对群体来说是不可理喻的，因此不妨说，他们不推理或者只会错误地推理，也不受推理过程的影响。读读某些演说词吧，其中的漏洞明显得令人咋舌，但它却对听众产生了巨大的影响。因为人们遗忘了一点，它们并不是给哲学家阅读的，而是用来说服群体的。那些与群体关系密切的演说家，能够在群体中激发出对他们有诱惑力的想象。只要他成功地做到了这一点，他就完成了自己的使命。在这里，20 本经过认真思考得来的浩浩汤汤的长篇大论，还不如说几句对他试图说服的头脑有号召力的语言。

进一步说，群体没有任何推理能力，因此也不具备任何批判精神，也就是说，它不能辨别真伪或对任何事物作出正确的判断。群体的判断，仅仅是强加给它们的判断，而不是经过讨论最终被采纳的判断。在这方面，许多个人也比群体强不了多少。有些意见轻而易举就得到了普遍赞同，其主要原因是大多数人不能依据自己的推理得出自己的结论。

三、群体的想象力

正如缺乏推理能力的个人一样，群体的形象化想象力也是强大而活跃的，而且非常敏感。一个人、一件事或一次事故在他们头脑中唤起的形象都是栩栩如生的。在某种意义上，群体就像个睡眠中的人，他的理性暂时关闭了，因此他的头脑中可以产生鲜明的形象，但是，只要他开始思考，这种形象就会迅速消失。既然群体没有思考和推理能力，所以它认为世界上没有它做不到的事。一般情况下，它们也会认为，最不可能的事往往也是最令人震惊的事。因此，一个事件中最非同寻常的部分会给群体留下最深刻的印象。事实上，任何一种文明，使其存活的真正根基，正是其中那些神乎其神的内容。在历史上，表象往往比真相起的作用更大，不现实的因素总是比现实的因素更重要。

群体只会形象思维，也只能被形象所打动。只有形象才能吸引或威慑住群体，进而支配它们的行动。

因此，那些绘声绘色地展现人物形象的表演，对群体的影响最为

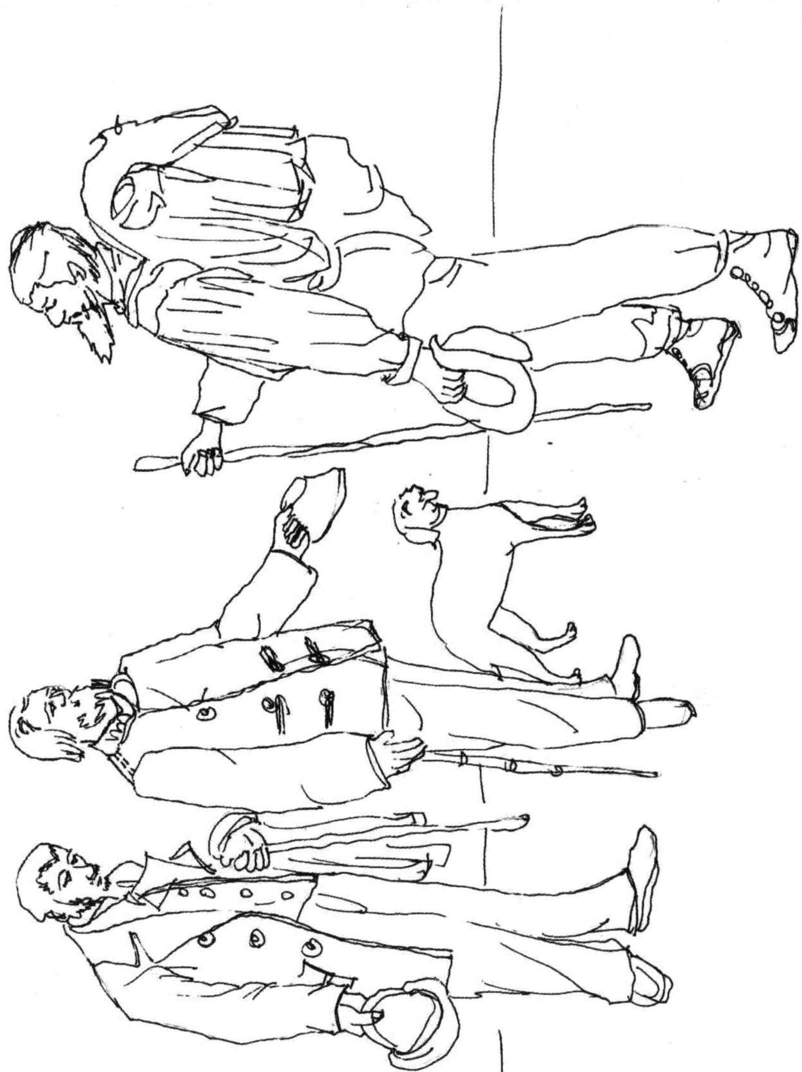

巨大。在罗马人民眼里，面包和壮观的表演构成了最美好的生活，除此之外他们别无所求。在漫长的岁月里，这种理想很少改变。对激发群体的想象力最管用的莫过于戏剧表演。所有观众体验着同一种情感，这种感情之所以没有立即变为行动，只不过因为即使是最无意识的观众也明白，他不过是个幻觉的牺牲品，他的欢笑与泪水，都是为了那个虚构出来的故事而已。然而有时因为暗示所产生的感情又特别强烈，于是就像暗示一般会起的作用一样，它们倾向于变成实际行动。这样的事例并不鲜见：剧场的老板仅仅因为上演的剧目让人情绪低沉，便不得不在扮演叛徒的演员离开剧院时派人保护他，以免他受到那些义愤填膺的观众粗鲁的攻击，即使那罪行不过是想象的产物。我认为，这就是群体的心理状态以及对其施加影响的技巧最为显著的表现。虚幻的因素对它们造成的影响几乎和现实一样大。很明显，它们对二者不加区分。

侵略者的权力和国家的权威，就是建立在群体的想象力之上的。在群体领导时，尤其要在这种想象力上下苦功。一切重大的历史事件，如宗教的兴起、宗教改革、法国大革命，都是群体想象力产生的影响所造成的直接或间接结果。

此外，所有时代和所有国家的统治者，包括暴君，也都把群体的想象力看作是他们统治的基础，他们从来都没想过要通过与它作对的方式来进行统治。自亚历山大和凯撒以来，也许从未有过任何一个伟人比拿破仑更懂得如何影响群体想象力了。他无论是在在胜利时、掠杀时、演讲时，还是在自己的所有行动中，都把这一点牢记于心。甚至在他弥留之际，仍然对此念念不忘。

怎样才能影响群众的想象力呢?我们很快就会知道。在这里只需讲明,想要掌握这种本领,治理和推理是派不上用场的,换言之,坚决不能采用论证的方式。安东尼让民众反对刺杀凯撒的人,并没有采用机智的说理,而是用手指着凯撒的尸体,让群众感觉到了他的意志力。

无论是什么刺激了群众的想象力,其采用的方式都是吸引眼球的鲜明形象,没有任何多余的解释,顶多伴随着几个神乎其神的实例,比如一场伟大的胜利、一个巨大的奇迹、大罪孽或大远景。事例必须摆在作为一个整体的众人面前,其来源必须神秘。上千次小罪恶或小事件也不会触动群体的想象力,而一个大罪孽或者大事件却可以让他们刻骨铭心,即使其后果同一百次小罪恶相比不只小多少。就在几年前,流行性感冒仅在巴黎一座城市就造成了 5000 人死亡,然而群众对此却几乎无动于衷。究其根源,是由于这种死亡事实没有以某个鲜明的形象表现出来,仅仅是通过每周发布的数字统计得出。反之,假如一次事件只造成了 500 人死亡,但是它是在一天之内发生在公众面前的一个引人注目的大事件,比如说埃菲尔铁塔轰然倒塌,则会对群众的想象力产生巨大的影响。曾经,人们因为得不到相关信息,以为一艘穿越大西洋的汽轮已经沉没了,此事对群众想象力产生了长达一周的影响。但是据官方统计表明,仅 1894 年一年,就有 850 条船只和 203 艘汽轮遇难。它们造成的生命和财产损失比大西洋汽轮遇难那次严重得多,而群众却从没有在意过这些接连不断的悲剧。影响群众想象力的,并非事实本身,而是它们发生以及影响注意的方式。如果让我表明观点的

话，我会说，必须对它们进行浓缩加工，它们才会变成一个令人震惊的形象。掌握了影响群众想象力的艺术，也就掌握了控制他们的艺术。

第四章　群体所采取的信仰形式

提要

信仰的意义；它非取决于对某个形象的崇拜；它的特点；信念的强大是因为它采取了宗教的形式；各种例子；信仰复活所采取的新形式；无神论；从历史学看这些现象的重要性；历史上的大事件都是群体感情而非孤立的个人意志的结果。

我们已经证明，群体不做推理，它对观念要么全盘接受，要不全部否决；那些能够影响到它的暗示，会征服它的理解力，并使它倾向于立刻付诸行动。我们还证明了，对群体加以适当的影响，它就会为了自己的信仰而舍生忘死。我们也看到，它容易产生狂躁而极端的情绪，它的同情心很快就会转化为崇拜，而一旦心生厌恶，也会立即转变成仇恨。这些一般性的认识，已经为我们揭开了群体信仰的本质。

如果对这些信仰做更为细致的考察，我们会发现，无论是在信仰狂热的时代，还是政治动荡的时代——譬如上个世纪的情形——它们总是采取一种特殊的方式，这种方式除了称作信仰之外，再也没有更好的称呼。

这种信仰的特点非常简单，例如崇拜某个想象中的高高在上的人物，敬畏某种生命赖以生存的自然力量，没有能力对其信条展开讨论，只知道盲目遵循它的指令，强烈地想要传播这种信条，把不接受它的任何人视为敌人。这种感情所涉及的无论是一块木头或一座石像，还是某个英雄或政治理念，只要它具备了上述特征，它就有了宗教的本质。可以看到，它还会在同等程度上显现出超自然的神秘因素。群体会下意识地把某种神秘力量当做一时激发他们热情的信条或领袖。

如果一个人只是崇拜某个神明，还不能说他有虔诚的信仰，只有当他把自己的一切脑细胞、一切自发的服从行为和发自肺腑的热诚，全部献给一项事业或一个人，并将其作为自己全部思想和行动的目标与准绳时，才可以说他是个虔诚的人。

信仰必然伴随着偏执和妄想。凡是自信自己掌握了现世或来世幸福秘诀的人，难免会有如此表现。当一群聚集在一起的人受到某种信念的勉励时，也会出现这两个特征。统治恐怖时代的雅各宾派，骨子里就像宗教法庭时代的教徒那么虔诚，而他们残暴的激情也源于此。

群体的信念具有盲从、残忍的偏执和需要大力宣传等信仰所固有的特点，因而可以说，他们的一切信念都具备宗教信仰的形式。群体如果拥戴某个英雄，就把他看做真正的神一般。拿破仑就做了 15 年这样的神，一个比任何神明都更频繁地被崇拜、更容易置人于死地的神。

一切宗教或政治信条的创建者之所以能够成功，都是因为他们成功地激发了群众异想天开的感情，他们让群众在崇拜和服从中得到归属感，进而时刻准备着为偶像赴汤蹈火。这在任何时代无一例外。德·库朗热在论述罗马高卢人的著作中正确地指出，维系罗马帝国根

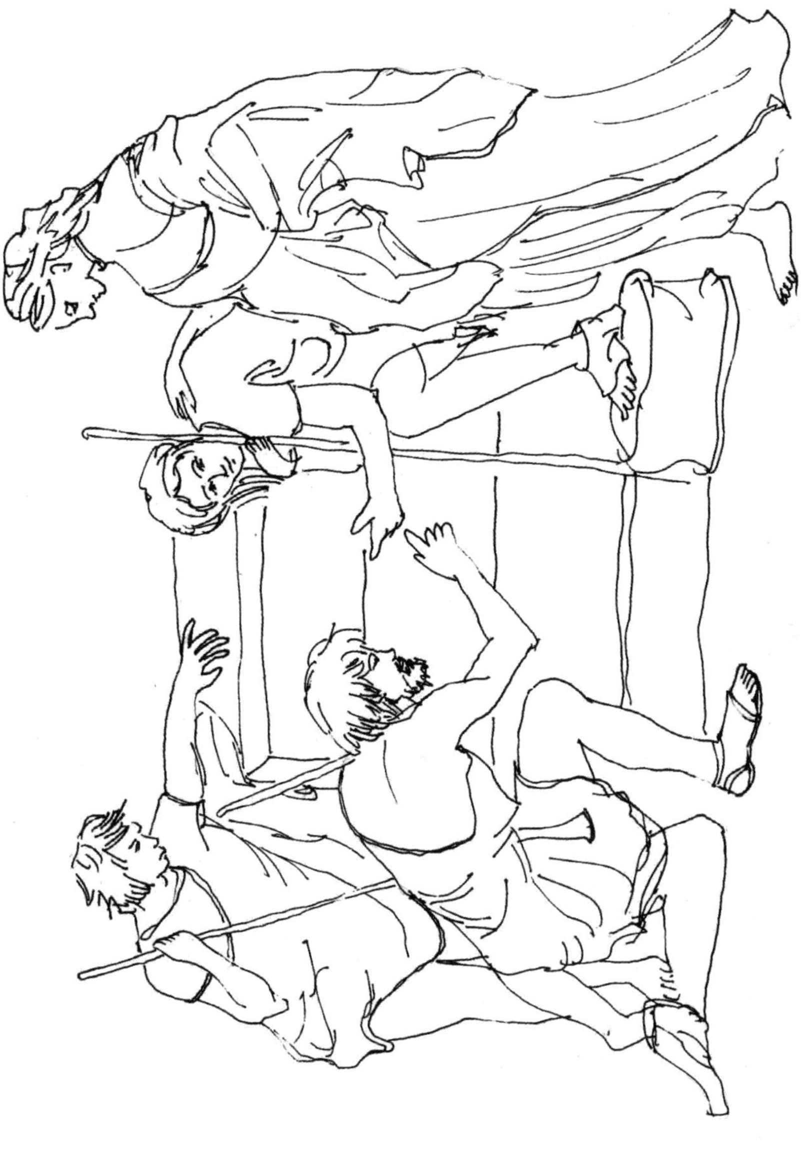

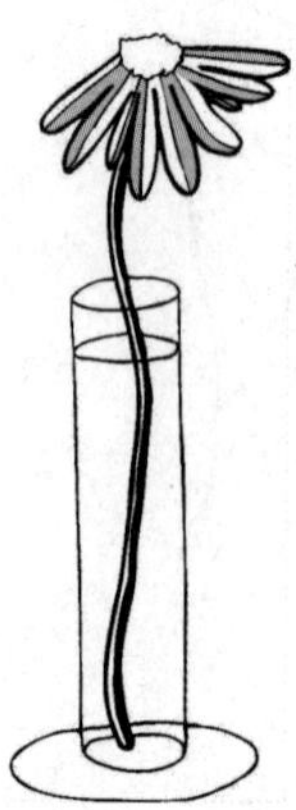

基的并非武力，而是它所激起的虔诚的赞美之情。正如他所写：“一种民怨沸腾的统治方式，竟能持续五个世纪之久，这在世界史上前所未有……帝国仅靠 30 个军团，能让一亿人俯首称臣，实在不可思议。”他们服从的原因是，帝王是罗马帝国丰功伟业的象征，他就像神一样受到了全体国民的一致崇拜。在他的疆域之内，即使最小的城镇都有膜拜皇帝的祭坛。“当时，从帝国的一段到另一端，遍地可见一种新宗教的兴起，它的神就是皇帝本人。很多年前，以 60 座城市为代表的整个高卢地区，都建起了神殿来纪念奥古斯都皇帝……它的祭司统一从高卢城市中选出，是当地的首要人物……不可能将这一些归咎于畏惧和奴性。不可能整个民族都是奴隶，尤其不可能长达三个世纪都是奴隶。崇拜君主的并不是那些朝臣，而是整个罗马；不单是罗马，还有高卢地区、西班牙、希腊和亚洲。”

大多数统治人们思想的大人物，如今已经不再设立圣坛，但他们还有雕像，或者那些赞美者手中还有他们的画像，他们所受到的崇拜行为，丝毫不必他们的前辈显得逊色。只要深入研究一下大众心理学的这个基本问题，就能破解历史的奥秘。

千万不要认为，这些只是些年代久远的神话，现在已经为理性所取代。在感情与理智那永恒的矛盾中，失败的永远不是感情。诚然，过去的群众长时间受到神或宗教这种概念的奴役，而现在的群众已经不太能听到这种东西了。但在过去的一百年里，他们拥有前所未有的大量崇拜对象，即使是古代的神也没能拥有这么多受到崇拜的塑像。近年研究过群众运动的人会知道，在布朗热主义的感召下，群众的宗教本能及其容易复苏。随便一家乡村小酒馆的墙上，都可以找到这位英雄的画像。他被赋予惩恶扬善的权柄，成千上万人愿意为他献出生命。如果他的性格与他的名望比肩，他一定会在历史上占据伟人的地位。

由此可见，说群众需要宗教的言论，实在是毫无新意的老生常谈，因为一切政治或社会信条，想要在群众中扎根，都必须利用宗教的形式——能够把有威胁的讨论排除在外的方式。即使群众可能会接受无神论，这种信念也会表现出信仰中所特有的偏执，它很快就会表现为一种崇拜。实证主义这个派别的演变，为我们提供了一个不寻常的证明。那些发生在与陀思妥耶夫斯基密切相关的虚无主义者身上的事情，很快也将发生在实证主义论者身上：他在某一天受到理性之光的启发，撕烂了小教堂祭坛上一切神明和圣人的画像；他吹灭蜡烛，迅速用无神论哲学家——比如希纳和莫勒斯霍特——的著作替代了那些垃圾，随后又虔诚地点燃蜡烛。他的信仰对象改变了，然而真能说他的信仰也改变了吗?

我要再强调一遍，除非深入研究群体信念长期采取的宗教形式，否则我们不可能理解一些非常重要的历史事件。对某些社会现象的研究，更要侧重心理学角度，而非自然主义角度。史学家泰纳仅从自然主义角度研究法国大革命，因此他看不到有些重要事件的根源。他对事实进行了充分的论述，然而从群体心理学的角度来看，他并没有找到引起法国大革命的真正原因。事件中血腥、混乱、残忍的一面让他惨不忍睹，但他很少注意到在那些上演了这出伟大剧目的英雄身上，还有狂暴的野蛮人的恣意妄为，以及对自己行为的毫无约束。只有当人们意识到这场革命不过是一种新的信仰在群众中的建立时，它的惨烈、它的肆意屠杀、它对宣传的需要以及对一切事物发出的战争宣言，才会得到恰当的解释。宗教改革、圣巴托罗缪大屠杀、整个法国的宗教战争、宗教法庭以及恐怖时期，都属于同一种现象。它们都是受信仰冲击的群众所为。凡是怀揣这种感情的人，都会用火和利剑去铲除那些妨碍新信仰建立的人。宗教法庭的做法，是一切有着忠贞不屈的信念的人所采取的做法。如果他们采取了其他办法，他们的信念就不该得到这样的评价了。

我刚刚提到的这些大事件，只有在群众的心灵想让它们发生时，它们才有可能发生。即便不民主的领导人，也无法一手炮制这种事件。当史学家告诉我们圣巴托罗缪惨案是国王一手造成的时，他们对群体心里表现得和国王们一样无知。这种命令只能通过群众才能变为现实。即使是拥有绝对权力的君主，最多也只能加快或延缓其成为现实的速度。圣巴托罗缪惨案并不完全是国王们所谓，就像恐怖统治并不完全是罗伯斯庇尔、丹东或圣鞠斯特所为一样。在这些事件的深处，总能找得到绝非来自统治者的权力，而是群众灵魂起的作用。

第二卷　群体的意见与心态

第一章　群体的意见和信念中的间接因素

提要

群体信念的准备性因素。1. 种族。它的影响至关重要。2. 传统。种族精神的综合反映；传统的社会意义；它在失去必要性后会成为有害因素；群体是传统最坚定的维护者。3. 时间。它建立信念，也毁灭信念；在时间的帮助下从无序走向有序。4. 制度。不同区域在不同阶段需要不同的社会制度。5. 教育。关于教育影响群众的错误观点；统计学上的说明；拉丁民族的教育制度对道德的破坏作用；各个民族所提供的事例。

在对群体的精神构造进行了研究之后，我们了解了它的情感、思维和推理模式，现在让我们来看一看它的意见信念是如何形成的。

对这些意见和信念起决定作用的因素可以分为两类：间接因素和直接因素。

间接因素是这样的因素，它可以使群体接受一些信念，并且使其再也无法接受其他信念。这些因素为下边这种情况的出现打下了基础：一些威力和结论都十分惊人的新观念会横空出世，即使它们的自发性不过是一种表象。有时候，某些观念的爆发并被付诸行动看起开十分突兀。然而这种突兀只是一种表象，在它背后必然存在着一种持久的准备性力量。

直接因素是这样的因素，随着以上所说的长期性准备工作的持续，它们会成为实际说服群众的资源，不过，如果没有那样的准备过程，它们也不会起作用。也就是说，它们是把观念变成具体形式并催生出一定结果的因素。集体突然开始贯彻的信条，就是这种直接因素引发的。一次暴动的发生，一次罢工的决定，甚至民众授予某人权力去推翻政府，都可以归咎于这种因素。

在所有重大历史事件中，都可以发现这两类因素在相继起作用。这里仅举一个最令人震惊的例子，法国大革命的间接因素包括了哲学家的著作、贵族的狂征暴敛还有科学思想的进步。有了这些准备，群众的头脑便很容易被假的演讲和朝廷通过无足轻重的改良所进行的抵制所激怒。

有些间接因素具有普遍性，可以说，他们是群体一切信念和意见的基石。这些因素就是种族、传统、时间、政治和社会制度以及教育。

一、种族

种族的因素必须排在第一位，因为它的重要性要远远大于其他因素。我在上一本书中曾对这个问题进行过深入的研究，所以此处不再赘言。在上一本书中，我们讨论了历史上的种族的特点，以及它一旦形成了自己的特性，作为遗传规律的产物，它便拥有了一种力量。它的信仰、制度和艺术，总之，它的文明中的一切成分，都只是其气质的外在表现。这种力量拥有这样的特点，它使得任何东西在由一个种族传播到另一个种族时，都会经历深刻的变化。

环境因素以及各种事件所代表的一时的社会暗示性因素也许有着很大作用，但这种影响如果与种族的暗示因素对立，换言之，它与一个民族世代传承下来的因素相冲突，那它就只能是暂时的。

我们在本书下边的章节里，还会不断涉及到种族的影响因素，我们将会说明，这种影响是如此强大，它决定着群体气质的特性。这样的结果便是，不同国家的群体会表现出截然不同的信念和行为，受到影响的方式也各不相同。

二、传统

传统代表着过去的观点、欲望和情感。它们是种族综合作用的产物，对我们有着巨大的影响。

自从胚胎学证明了过去的时光对生物进化的巨大影响后，生物科学便发生了变革；如果这种理论可以广泛地普及，相信历史学也会出现相似的变化。然而现在它并没有足够的普及开来，许多政客依然不比上世纪的研究者参透得更多，他们仍然相信社会能够能自己的过去决裂，会完全遵循理性之光所指引的唯一道路前进。

民族是历史发展过程中形成的有机体，所以它同其他有机体一样，只能通过缓慢的遗传积累过程发生改变。

传统始终支配着人的行为，尤其是当他们形成群体是更是如此。他们能够轻松地给传统造成的改变，只是一些名称和外在形式而已。

不需要对这个现实感到遗憾。如果脱离了传统，那么整个民族气质和文明都不可能存在了。因而自人类出现以来，它便一直在做两件事，一是建立某种传统，二是当某种传统已经不再有益于人类时，人类社会便会奋力摧毁这种传统。没有传统，就没有文明；没有对传统的毁灭，就不会有进步。困难在于，怎样在稳定和求变之间取得平衡。如果一个民族把自己的文明变得坚不可摧，它就很难再变化。在这种情况下，暴力革命也没有多大的用处，因为这样做的结果只有两种，要么是把打破的锁链重新拼接到一起，让整个过去改头换面地重现；要么是对被打破的事物放任不管，残局很快会被无政府状态代替。

因而，对于一个民族而言，理想的状态是保留过去的制度，只用不易觉察的方式一点一点地加以改善。想要实现这个理想并不容易，做到这一点的几乎只有古罗马人和近代英国人。

紧紧抱住传统观念不撒手，冥顽不化地反对变革的，正是群体。拥有土地的群体更是如此。我坚信群体具有保守主义精神，并指出，最激烈的反叛最终也只不过造成一些皮毛上的变化。上个世纪末，教堂被毁，僧侣们要么被驱逐出境，要么被推上断头台，人们或许以为，旧的宗教观念已经威信全无。但是没过几年，为了顺应民众的要求，曾被禁止的公开礼拜制度又重新建立起来了。

被暂时击溃的旧传统，又恢复了往昔的声威。没有任何事实能更好地反映出传统对于群体心态的威力了。最恒久的偶像，并不住在庙堂之上，也不是那些最暴虐的帝王，他们转瞬就能被人们推翻。真正支配着我们内心深处的自我的，往往是那些看不见的主人，它可以安全地避开一切反叛，只能在数百年的时间里被慢慢地消磨殆尽。

三、时间

时间对于社会问题就如同对于生物学问题一样，是最有力的因素之一。它是唯一真正的创造者，也是唯一伟大的毁灭者。积土成山需要时间，从地质时代模糊难辨的细胞进化到高贵的人类，需要的也是时间。数百年的作用足以改变一切固有的现象。众所周知，倘若有足够的时间，蚂蚁也能把勃朗峰踏为平地。如果有谁掌握了随意改变时间的魔法，他便拥有了权力。

不过，这里我们之探讨时间对于群体形成意见的影响。在这件事上，它同样有着巨大的影响：一些重大的事物都取决于它，比如种族，没有它便无法形成；它引起一切信的产生、成长和消亡；它们获取力量靠的是时间，失去力量也正是因为时间。

具体说来，群体的意见和信念是依靠时间形成的，或者至少可以说是时间为它们的生长提供了土壤。为什么一个时代可以诞生某些观念，其他时代却不可以，原因就在于此。是时间把信仰和思想的碎屑堆积成山，从而使某个时代产生出它的观念。这些观念的出现并不是像掷骰子一样全靠运气，它们早就深深地蕴藏于过去的时光中了。它们能够结出果实，是因为时间为它们做好了铺垫。若想要知道它们的起源，就要回溯历史。它们既是历史的儿女，又是未来的母亲，却也永远是时间的奴仆。

因而，时间是我们最可靠的主人，若想要看到一切事物将会有何变化，就要让它自由地发挥作用。如今，面对群众骇人的抱负以及它可能会带来的破坏和骚乱，我们深感不安。不过，要想得到平衡和恢复，除了依靠时间，也别无他法。拉维斯先生所言极是："没有哪种统治形式可以在一夜间建立起来。政治和社会组织是需要数百年的时间才能创造出来的东西。封建制度在建立起它的秩序之间，经历了数百年的混乱状态。绝对君权也是在存在了数百年之后，才有了制度做保障。这些等待的时期是极为混乱的。"

四、制度

制度能够医治社会弊端，国家的进步是制度改革的成果，社会变革可以通过各种政令来实现——我认为这些想法依然会得到普遍的认同。它们是法国大革命的发端，并且目前各种社会学说也仍旧以它们为基础。

这个错误观点一直没有被动摇，哪怕存在着最明显的事实证明。

哲学家和史学家们想要证明它的荒谬,可惜始终没有成功。不过他们毫不费力就可以证明,各种制度是观念、情感和习俗的产物,而观念、情感和习俗并不会随着典章而一起被改写。一个民族并不能任意选择自己的制度,就像他们无法选择自己的头发和眼睛的颜色一样。制度和政府都是种族的产物,它们并非某个时代的创造者,而是由这个时代所创造的。对各民族的统治,不是来自于一时的创意,而是他们的特性决定了他们要被这样统治。一种制度的形成需要上百年的时间,改造它也一样。每种制度都并没有固有的优缺点,就各自而言,它们没有好坏之别。在特定时期对一个民族有利的制度,对另一个民族可能是极为有害的。

进一步说,一个民族并不具备改变自己现有制度的能力。无疑,通过暴力革命,它可以改头换面,但其本质依然不变。名称不过是些没用的符号,历史学教在深入研究事物的本质时,很少会注意到它们。正因如此,英国这个世界上最民主的国家依旧保留着君主制,而时常表现得十分嚣张的最具压迫性的不民主主义,却存在于那些原属西班牙的美洲共和国,即便它们都有共和制的宪法。决定各民族命运的是它们的性格,而非它们的政府。我曾在上一本书中,通过提出典型事例来论证这一观点。

因此,把时间浪费在炮制各种装模作样的宪法上,跟小孩子过家家没什么两样,是无知的修辞学家的徒劳而已。承担着完成宪政的责任的,是必要性和时间。我们最明智的做法,就是让这两个因素发挥作用。这就是盎格鲁-萨克逊人采用的办法,正如他们伟大的史学家麦考利在一段文字中告诉我们的,拉丁民族各国的政客们,应该好好学习学习这种方法。他指出，法律所能得到的一切好处，从纯理性的角度看，呈现出一片荒谬与矛盾。他之后有对拉丁民族一窝蜂地制定出来的宪法文本与英国宪法进行了对比，并指出，后者总是一点一点慢慢地在变化，影响来源于必要性，而非来自思辨式的推理：

不考虑结构是否严谨，只考虑是否方便实用；不单纯地以法条有矛盾为理由而去消除矛盾；除非感到有所不满，否则绝对不加以变革；除非能够消除这种不满，否则也不会进行革新；除了针对具体情况必须提供的条款之外，绝对不指定任何范围更大的条款——这些原则，从约翰国王的时代直到维多利亚女王的时代，250 年间始终在议会贯彻落实，使它变得从容不迫。想要说明各民族的社会习惯在多大程度上体现着本民族的需要，没必要对其进行简单粗暴的变革，而要对它们逐一进行审查。例如，对集权制的优点和缺点，可以只从理论上研究，但是，当我们看到，一个由不同种族构成的国民全体用了一千年时间来维护这种制度；当我们看到，一场目的在于推翻一切旧制度的大革命也不得不尊重这种制度，甚至是更进一步地强化了它，在这种情况下，我们就必须承认它是被迫切需要的，承认它是这个民族赖以生存的条件。对于那些空谈要推翻这种制度的政客，我们应当对他们可怜的智力水平报以同情。如果他们碰巧做成了这件事，他们的成功立刻会预示着一场残酷的内战，这又会带来一种比旧政权更具压迫性的新的集权制度。

结论便是，深刻影响群体本质的方法，不能从制度中找寻。我们看到，有些国家，例如美国，在民主制下达到了高度繁荣，但另一些国家，例如那些西班牙人的美洲共和国，在极为相似的共和制下，却生活在

可悲的混乱状态中。此时我们就应该承认，这种制度与一个民族的兴盛和另一个民族的衰败都是毫不相干的。各个民族都在受着它们自身性格的支配，凡是与这种性格不符的模式，都不过是一件借来的外衣，一种短暂性的伪装。毋庸置疑，为了强行建立某些制度而进行的血性战争和暴力革命一直未曾停止，并且还会继续发生。人们就像对待圣人的遗迹一样对待这些制度，认为这些制度有着创造幸福的超自然力量。因此，从某种意义上可以说，是制度在群体的头脑中起反作用，它们才是引起动荡的罪魁祸首。然而其实并不是制度本身惹的祸，因为我们知道，无论成功或失败，制度本身并没有用这种方式产生反作用，它们根本不具备那样的能力。影响群众头脑的是各种幻念和词语，尤其是词语，它们的强大一如它们的荒谬。下面我就简单地揭示一下它们那令人震惊的影响力。

五、教育

当今社会的主流观念之中，首当其冲的是这样一类观念，即认为教育可以令人改头换面，可以万无一失地改造他们，甚至把他们变为平等的人。这种观念被反复重复，仅仅这一点就足以使它最终成为最坚固的民主信条。如今想要反驳这种观念，就像过去反对教会一样难。

但是在这个问题上，就想许多其他问题一样，民族观念同心理学观念以及经验存在着很大差别。包括赫伯特·斯宾塞在内的许多著名哲学家，已经轻松地证明，教育并不会使人变得道德高尚，也不会使他更幸福。它既无法改变人的本能，也无法扭转人的天性，而且有时——只需进行不良的引导——对人弊大于利。统计学家已经为这种观点提供了论据，他们告诉我们，犯罪随着教育，至少是某种教育的普及在上升，社会上一部分罪大恶极之徒，在学校的获奖名单上也可以找到他们的踪迹。以为杰出的官员阿道夫·吉约先生在最近一本著作里提出，目前受过教育的罪犯和文盲罪犯的比例是3:1，在50年间，人口中犯罪比率从每十万居民227人上升到了552人，即增长了133%。他也像他的同事一样注意到，年轻人犯罪增长的尤其多，而众所周知的是，法国为了他们，已经用免费义务教育替代了交费制。

当然不能说，即使是正确引导的教育，也不会得到良好的效果——谁也没有坚持这种主张。就算它不能提高道德水平，至少也会有利于专业技能的提升。不幸的是，在过去的25年里，拉丁民族把它们的教育体制建立在了十分错误的原则之上，即使有些有识之士，如布吕尔、德·库朗热、泰纳等人提出了很多意见，它们仍旧不思悔改。我本人在过去出版的一本书中提到，法国的教育制度把多数接受过这种教育的人变成了社会的敌人。

这种制度——或许它很适合拉丁民族的天性——的主要危险来源于这样一个事实，即它以彻底错误的心理学观点作为根基，认为把书本知识用心学好就能提升智力。由于接受了这种观点，人们便尽可能地强化各种手册里的知识。从小学到大学毕业，一个年轻人只能对着课本死记硬背，他的判断力和个人主动性形同虚设。受教育对于他们来说就是背书和服从。

前公共教育部长朱勒·西蒙先生写道：“学习课程，把一种语法或

一篇纲要牢记于心，重复得好，模仿也漂亮——这着实是一种十分可笑的教育模式，它的每项工作都是一种信仰行为，即默认教师是不可能犯错的。这种教育的唯一结果，就是自我贬低，让我们变得无能。”

如果这种教育仅仅是无用，人们还可以对孩子们表示同情，他们虽然没有在小学里进行必要的学习，但至少被教会了一些科劳泰尔后裔的族谱、纽斯特里亚和奥斯特拉西亚之间的纷争或动物分类之类的知识。然而这种制度的危害要严重得多，它使服从它的人强烈地讨厌自己的生活状态，及其想要挣脱。工人不想再当工人，农民不想再做农民，而大多数地位卑微的中产阶级，除了抱着国家公职人员这个饭碗之外，不想让他们的儿子从事任何其他的职业。法国的学校并不教人如何为生活做好准备，而只想让他们将来为政府服务，在这个行业上取得成功，并不需要任何必要的自我定向，或表现出哪怕一点私人的主动性。这种制度在社会等级的最底层造就了一支无产阶级大军，他们对自己的命运愤愤不平，随时都想起来造反。在最高层，它培养除了一群浮躁的资产阶级，他们既多虑又轻信，对国家抱着迷信般的信赖，视它如同天道，却又时时不忘对它表现出敌意，总是把自己的过错推给政府，而离开了当局的干预，他们便一事无成。

国家用教科书炮制了那么多有文凭的人，但只能用得上的只有其中的一小部分，于是只好让其他人闲置着。所以，它只能把饭碗留给先来的，剩下的没有得到好职位的人便全部成了国家的对立面。从社会金字塔顶层到底层，从最卑微的小秘书到教授和警察局长，有大批举着文凭的人在围攻各种政府部门的职位。

很明显，现在后悔已经晚了。只有经验这位世人最好的老师，会最终揭开我们的错误。只有它能够证明,必须废除我们那些可恶的教科书和可悲的考试,代之以勤劳的教育,才能够劝导我们的年轻人回到田野和工厂,回到他们今天不惜任何代价想要逃离的事业。

现在,一切受教育者所需要的教育,就是我们的前辈所理解的教育。在今天,凭借自己的意志力、开拓能力和创业精神统治世界的民族中,这种教育长盛不衰。伟大的思想家泰纳先生在一系列的著作篇章中——下面我还会引用其中某些重要段落——清楚地说明了,我们过去的教育制度同今天英国和美国的教育制度大体一致。他在对拉丁民族和盎格鲁-萨克逊民族的制度进行比较时,明确指出了这两种形式的后果。

也许人们在不得以之下会认为,继续接受我们古典教育中的全部弊端,即便它只能培养出心怀不满以及不适应自己生活状况的人,但是向人大量灌输浅显的知识,一字不落地背诵大量课文,还是可以提高智商的。然而它真的能做到这一点吗?不可能!生活中获取成功的条件是判断力,是经验,是开拓精神以及个性——这些素质不是课本能够给予的。教科书和字典可以是有用的参考工具,但是长期把它们放在脑子里是没有任何用处的。

怎样才能让专业教育提升人的能力,使它达到远远超越古典教育的水准呢?泰纳先生做过出色的论述。他说:

观念只有在自然而正常的环境中才能形成。要促进观念的培养,年轻人必须每天从工厂、矿山、法庭、书房、建筑工地和医院获得大量感官印象;他得亲眼看到各种工具、材料和操作;他得与顾客、工作人员和劳动者在一起,不管他们干得是好是坏,也不管他们是赔是赚。只有通过这种方式,他们才能对那些能够从眼镜、耳朵、双手甚至味觉中得到的各种细节,有些微不足道的理解。学习者在不知不觉中获得了这些细节,通过默默地推敲,在心里逐渐成形,并迟早会产生出一些灵感,促使他们着手于新的组合、简化、创意、改进或发明。而法国的年轻人恰恰在最能出成果的年纪,被剥夺了所有这些宝贵的接触机会、所有这些不可或缺的学习素材,因为长达七八年的时间他们一直被关在学校里,切断了一切亲身体验的机会,因此对于世间的人和事,对于控制这些人和事的各种办法,不可能得到鲜明而准确的理解。……十人之中,至少有九人在几年的时间里把他们的时间和精力浪费掉了,而且可以说,这是非常重要的、甚至是决定性的几年。他们中间有一半甚至三分之二的人,是为了考试而活着——我这里指的是那些被淘汰的人。还有一半或是三分之一的人成功地得到了某种学历、证书或一纸文凭——我指的是那些超负荷工作的人。在规定的某一天,他们坐在一把椅子上,面对一个答辩组,在连续两小时的时间里,怀着对科学家团体——即一切人类知识活清单的敬畏,要做到正确无误——这样的要求实在是太过分了。在那一天的那两个小时里,他们也许正确或接近正确,但不出一个月,他们便不再是这样了。他们不可能再通过考试。他们脑子里那些过多的、过于陈旧的所学不断流失,而且没有新东西补充进去。他们的精神活力衰退了,他们继续成长的能力枯竭了,一个人已经达到了充分发展的程度,同时也意味着,他筋疲力尽了。他成家立业,落入生活的俗套,而一旦落入这种俗套,他就会把自己封闭在狭隘的职业中,工作也许还算本分,但仅此而已。这就是平庸的生活,收益和风险不成比例的生活。而在 1789 年以前,法国就像英国或美国一样，采用的是相反的办法，但得到的结果并无不同，甚至更好。

然后，一些著名心理学家又向我们揭示了我们的制度与盎格鲁-萨克逊人的区别。后者并没有我们那么多的专业学校。他们的教育并不是建立在钻研书本上，而是建立在专业培训上。比如，他们的工程师不是在学校里，而是在车间里训练出来的。这种方法表明，每个人都能够达到他的智力允许他达到的水平。如果他没有进一步发展的能力，他可以成为工人或领班，若是很有天赋的人，则会成为工程师。比较之下，这种方法比 19 岁或 20 岁时的一场考试定终身的方法更民主，对社会也更有益。在医院、矿山和工厂，在建筑师或律师的办公室里，年少从业的学员们，依次经历他们的学徒期，这类似于办公室里的律师助理、秘书或工作室里的艺术家助手。在投入实际工作之前，他也会接受一些一般性的教育，因此已经准备好了一个模板，可以把他们迅速观察到的东西储存进去。而且他能够利用自己在空闲时间得到的各种各样的技能，逐渐与他所获得的日常经验合二为一。在这种制度下，实践能力得到了发展，并且与学生的禀性相适应，发展方向也符合他未来的任务和特定工作的要求，这些工作就是他今后要从事的工作。因此在英国或美国，年轻人很快就有机会大力发挥自己的才干。在 25 岁时——如果各种材料和部件都不缺，这个时间还会提前——他不但成了一个有用的工作者，甚至具备了自主创业的能力；他不只是机器上的一个零件，而且是个发动机。

关于我们拉丁民族的教育与实践生活的差距越来越大的问题，这位伟大的哲学家得出了以下结论：

在教育的三个阶段，即儿童期、少年期和青年期，如果从考试、学历、证书和文凭的角度看，坐在学校板凳上啃理论和教科书的时间实在是有点长得过头了，而且负担过重。即使仅从这个角度看，采用的办法也糟糕透顶，这是一种违反自然的、与社会对立的制度。它通过寄宿制度、人为的训练、填鸭式教学以及过重的课业，大大地延长了实际的学徒期，不考虑成年的年龄和不同的职业，不考虑青年人马上就要投身进去的现实社会，不考虑我们所生存的、他必须适应或提前学会适应的社会，不考虑人类为保护自己而必须进行的斗争，不考虑为了站稳脚跟他得提前获得的装备、武器和训练以及坚强的意志。这种不可缺少的装备，这种最重要的学习，这种丰富的常识和意志力，我们的学校全部没有给法国的年轻人。它不但远远没有让他们获得应付生活中具体情况的素质，反而破坏了这种素质。因此，从他走进这个世界，踏入他的活动领域之日起，他只能时常被痛苦的挫折所困扰，由此给他造成的创痛久久不能痊愈，有时甚至使他失去了生活的能力。

上述言论是否偏离了群体心理学的主题?我相信并非如此。如果我们想了解今天正酝酿于群众之中，明天就会爆发的各种念头和信仰，就必须了解为它们提供土壤的因素。教育可以使年轻一代感觉到国家将会变成什么样子。当今的教育，确实让人失去信心。在改良或恶化群众的头脑方面，教育多少还是可以发挥一些作用的。因此有必要说明，当前的教育制度怎样培养了这种头脑:冷漠而中立的群众变成了一支心怀怨恨的大军，时刻准备着听从一切乌托邦分子和巧言令色之徒的暗示。为拉丁民族走向衰败铺路的，正是教室。

第二章　群体意见的直接因素

提要

1. 形象、词语和套话。词语和套话的神奇力量；词语的力量与它所唤起的形象有关，但独立于它的真正含义；这些形象因时代和种族而各不相同；常用词语含义多变的实例；给旧事物更换名称的政治效用；种族差别造成的词义变化；“民主”一词在欧洲和美国的不同含义。2. 幻觉。它的重要性；在所有文明的起源中都能发现幻觉；群体更喜欢幻觉而不是真理。3. 经验。只有经验能够使必要的真理在群众心中生根；经验只有不断地重复才能生效，劝服群众必须付出的经验代价。4. 理性。它对群体没有任何作用；群体只受无意识感情的影响；逻辑在历史中的作用；发生不可思议的事情的秘密。

我们刚才讨论了群体心理形成的间接性因素，他们赋予群体心理以特定属性，使某些情感和观念得以发展。现在我们还得探讨一下能够发挥作用的直接因素。在下面这一章里我们会看到，想让这些因素充分发挥作用，应当如何利用它们。

我们在本书的第一卷讨论了集体的情感、观念以及推理方式，通过这些认识，我们可以总结出一些影响集体心理的一般性规律。我们已经知道了什么事情可以刺激群体的想象力，也知道了暗示——尤其是具有生动形象的暗示会有什么样的力量及其传染过程。然而,正像暗示可以有不同来源一样,能对群体心里产生影响的因素也相当不同,因而必须对它们进行分别研究。这种研究是有益的。群体就像是古代神话中的斯芬克斯,如果我们对于它的心理学问题不给出一个答案,我们终将被它毁灭。

一、形象、词语和套话

我们在研究群体想象力的时候已经看到,它特别容易被形象所产生的印象所左右。这些形象未必时刻存在,但是可以利用一些词语或套话,巧妙地把它们激活。经过艺术化的加工,它们理所当然地拥有了神奇的力量,能够在群体心中掀起最剧烈的风暴,反之,它也能平息风暴。因为各种词语和套话而死的人,只用他们的尸骸,就能建造一座比古老的齐奥普斯更高的金字塔。

词语的威力与它们所唤起的形象有关,同时又被剥离了它们的真实含义。最不明确的词语,有时反而影响最大。比如民主、平等、自由等,它们的含义极为模糊,即便一大堆专著也说不清楚它们指的是什么。但是这屈指可数的几个词却有着神奇的力量,它们似乎是解决所有问题的灵丹妙药,各种迥异的潜意识中的理想及实现的渴望,全被它们集于一身。

说理和论证无法战胜一些词语和套话。它们是和群体一起隆重出场的。只要一听到它们,人们就会肃然起敬,俯首帖耳。很多人把它们看做是自然的力量,甚至是超自然的力量。它们在人们心中唤起了雄伟壮观的幻境，也正是由于它们的模糊不清，它们才获得了神秘的力量。它们是隐藏在圣坛背后的神灵，信众只能诚惶诚恐地来到它们面前。

词语唤起的形象被剥离了它们原本的含义。这些形象因时代而异，也因民族而异。然而套话并没有改变，有的转瞬即逝的形象是和一定的词语连在一起的：词语就像是用来叫醒它们的电话铃声。

并不是所有词语和套话都有唤醒形象的力量，有些词语在某段时间里有这种力量，但在使用过程中可能会消失，不能再引起头脑任何的反应。这时它们就变成了空话，其主要作用是帮助使用者免去思考的义务。用年轻时学到的少量套话和常识把自己武装起来，我们就能应付生活所需的一切了，再也不需要对其他事情进行思考。

只要探究一下某种特定的语言，就会发现它所包含的词语很少随着时代的变迁而变化，但这些词语所唤起的形象，或是人们赋予它的意义，却在不断地发生变化。因此，我在另一本书中总结道，想要准确地翻译某种语言，尤其是那些已经消亡的语言，是绝对不可能的。当我们用一句法语来替换一句拉丁语、希腊语里的句子时，或者当我们想要理解一本二三百年前用我们自己的语言写的书时，我们真正在做的是什么呢？我们不过是在用现在生活赋予我们的一些形象和观念去代替另一些不同的形象和观念，它们存在于古代某些种族的头脑中，而这些人的生活状况同我们是完全没有相似之处的。当大革命时的人认为自己在模仿古希腊和古罗马人时，他们除了把从未有过的涵义赋予过去的词语之外，还能做些什么呢？

希腊人的制度同今天用同样词语制定出来的制度有什么相似之

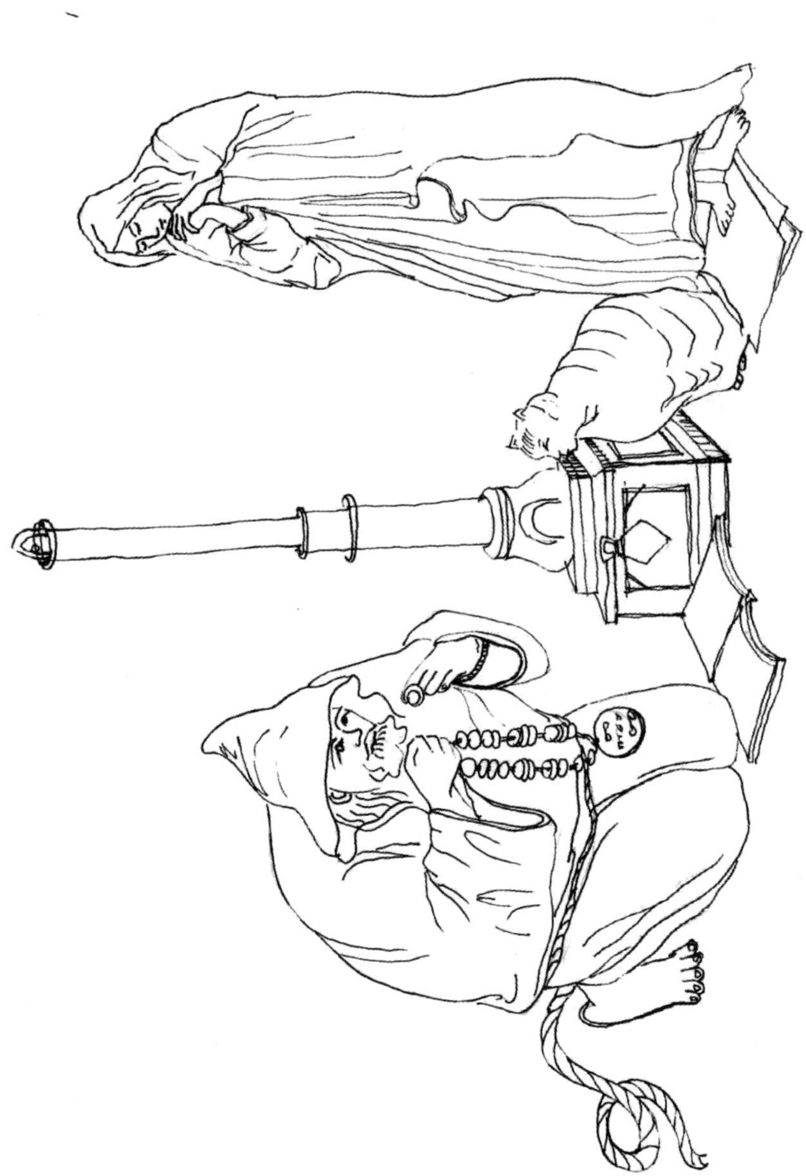

处呢?那时的共和国从根本上说是一种贵族统治的制度,是由一小伙团结一致的剥削者统治这一群绝对服从的奴隶所构成的制度。这些贵族的集体统治是建立在奴隶制的基础上的,若没有了奴隶制,它们一天也不能存在。

“自由”这个词也是如此。在一个从不知思想自由为何物,只要讨论城邦的诸神、法典和习俗就是犯了滔天大罪的地方,“自由”的意义与我们今天赋予它的意义有何相似之处?像“祖国”这样的词,对于雅典人或斯巴达人来说,除了指雅典或斯巴达的城邦崇拜之外,还能有别的含义吗?它当然不可能是指由彼此征伐不断的城邦组成的整个希腊。在过去的高卢,“祖国”这个词又能有什么含义?它是由彼此敌对的部落和种族组成的,它们有着不一样的语言和宗教,凯撒之所以能够轻易征服它们,就是因为他总能从中找到自己的盟友。罗马人创造了一个高卢人的国家,是因为他们让这个国家实现了政治上和宗教上的统一。不往远了说,就说二百年前吧,与外国人结盟而反对自己君主的大孔代,他对“祖国”的理解与今天法国各省对这个词的理解能一样吗?然而词语仍然是那个词语。过去跑到国外的法国保皇党人,他们认为自己的行为是在恪守气节,因为在他们看来,法国已经变节,他们认为是封建制度的法律把诸侯同君主而非土地联系在一起,有君主在,才有祖国在。可见,祖国对于他们的意义与现代人是截然不同的,不是吗?

词语的意义随着时代变迁而发生深刻变化的例子比比皆是。我们对它们的理解,只能达到过去经历漫长努力所能达到的水平。曾经有人准确地指出,即使想正确理解“国王”和“王室”这种称呼对我们的曾祖父一辈意味着什么，也需要做大量的研究。更为复杂的概念会怎么样也就可想而知了。

由此可见，词语只有短暂的固定含义，它随着时代和民族的不同而不同。因此，我们如果想以它为手段去影响群体，我们必须搞清楚群体在特定时间赋予它们的含义，而不是它们过去具备的含义，或精神状态不一致个人赋予它们的含义。

因此，当群体因为政治动乱或信仰改变，对某些词语唤起的形象深恶痛绝时，如果事物本身因与传统结构紧密相关而无法改变，那么一个真正的政治家的当务之急，就是在不损害事物本身的前提下迅速变换说法。聪明的维克托尔很早以前就说过，执政府和帝国的具体工作就是用新的名称把过去大部分制度重新包装一下，也就是说，用新名称代替那些引起群众不好的联想的名称，因为它们的新鲜能阻断这种联想。“地租”变成了“土地税”，“盐赋”变成了“盐税”，“徭役”变成了间接摊派，商号和行会的税款变成了执照费，诸如此类。

名称的威力如此巨大，如果选择得当，它足以让最可恶的事情改头换面，变得容易被群接受。泰纳正确地指出，雅各宾派正式利用了“自由”和“博爱”这种当时十分流行的说法，才能够“建立起能与达荷美媲美的暴政，建立起和宗教法庭类似的审判台，干出与古墨西哥人相差无几的人类大屠杀这种成就”。统治者的艺术，就像律师的艺术一样，首先在于驾驭词藻的能力。这门艺术面临的最大困难之一，就是在同一个社会里，同一个词在不同社会阶层往往具有不同的含义，表面上看他们用这一样的词，其实他们说着不一样的话。

在上述事例中，造成词语含义变化的主要因素是时间。如果我们再考虑一下种族的因素，我们会发现，在同一时期教养相同但种族不同的人中间，同样的词也经常表现出极不相同的观念。不是渊博的人是不可能理解这种差别的，所以我不打算在这个问题上纠缠。我只想表明，正是群众使用最多的那些词，在不同的民族中有着最不一样的含义。譬如现在使用如此频繁的“民主”等就属于这种情况。

事实上，它们在拉丁民族和盎格鲁-萨克逊民族中代表着截然相反的思想。在拉丁民族看来，“民主”意味着个人的意志和自主权利要服从国家所代表的社会意志和自主权利。国家在日渐掌控一切，集权、垄断并制造一切。无论是基金跑还是保皇派，一切党派一概求救于国家。而在盎格鲁-萨克逊地区，尤其是在美国，“民主”一词是指大力发展个人意志，国家要尽可能地遵从这一发展，除了政策、军队以及外交以外，它不能支配任何事情，甚至公共教育也不例外。由此可见，同一个词语，在一个民族指的是个人意志和自主权利的从属性以及国家的优势地位，在另一个民族，指的却是个人意志的超常发展以及国家的彻底遵从。

二、幻觉

自从文明出现以来，群体便一直处于幻觉的影响下。他们为制造幻觉的人建庙堂、铸神像、设祭坛，尊荣超越了其他所有人。无论是过去的宗教幻觉还是现在的哲学和社会幻觉，这些至高无上坚不可摧的力量，能够在我们这个星球上不断发展的任何文明的灵魂中找到。古巴比伦和埃及的神殿、中世纪的宗教建筑，是为它们而建；一个时期以前震撼了整个欧洲的大暴乱，是为它们而发动；我们所有的政治、艺术和社会学说，都笼罩在它的影响之下。有时，人类以可怕的暴动为代价，能够打破这些幻觉，但它仿佛注定了还会起死回生。没有它们，他无法摆脱自己最原始的野蛮状态；没有它们，它似乎很快又要回到那种野蛮状态。毫无疑问，它们只不过是些没有意义的幻影，但是这些我们想象中的产物，却使各民族创造出了辉煌壮丽值得骄傲的伟大艺术或文明。

如果人们毁掉那些博物馆和图书馆，如果有人把教堂前石板路上那些受到宗教鼓动而建立的一切艺术作品统统推倒，那么人类伟大的梦想还会剩下些什么呢?就让人们抱着那些希望和幻想吧，不然他们是活不下去的。这就是英雄和诗人存在的原因。科学扛起人类文明的重任已经 50 年了，但是在渴望理想的心灵里，科学是有所欠缺的，因为它不敢作出过于慷慨的承诺，它不能撒谎。

上个世纪的哲学家热衷于破坏宗教、政治和社会幻象，而我们的先辈已经在这些幻想中生活了数个世纪。他们毁了这些幻象，希望与顺从的源泉随之随之枯竭了。幻象被扼杀之后，人们面对的是茫然无声的自然力量，它对于软弱和慈悲心肠一律无动于衷。哲学无论取得了多大的进步，它至今都没能给群众提供任何可以让他们入迷的理想。可是群众不管付出多大的代价，他们必须拥有自己的幻想，于是他们如同趋光的昆虫一样，本能地转向那些迎合他们需求的能言善辩者。推动各民族演化的主要因素，永远不是真理，而是谬论。群众从来不渴求真理，面对那些不合口味的证据，他们会拂袖而去。如果谬论对他们有诱惑力，他们更愿意崇拜谬论。凡是能向他们提供幻觉的，很容易就能成为他们的主人，凡是让他们梦想破灭的，都将成为他们的牺牲品。

三、经验

经验几乎是唯一能让真理在群众心中生根，让过于危险的幻想破灭的有效手段。然而为了达到这个目的，经验必须发生在相当大的范围内，而且需要反复重现。通常，一代人的经验对下一代人几乎没有多少用处。这就是引用历史事实作为证据却达不到目的的原因。它们唯一的用处就是证明了，一种广泛的经验即使仅仅想成功地动摇在群众头脑中根深蒂固的谬论，也需要一代又一代重复地出现才行。

毫无疑问，史学家会把19世纪以及再早一些的年代看做一个充满着离奇经验的时代，任何时代都未做过如此多的实验。

最宏伟的实验就是法国大革命。发现一个社会急需纯粹理性的指导，把它从上到下翻新一遍，这必然会导致数百万人的牺牲，让欧洲陷入长达20年的动荡。为了用经验向我们证明，独断者会让拥护他们的民族损失惨重，需要在50年里来上两次破坏性实验。然而，即使实验结果明确无误，似乎也不太容易令人信服。第一次实验的代价是三百万人的姓名和一次入侵，第二次实验导致割让土地并在事后表明了常备军的必要性。之后几乎还要来第三次试验。恐怕不一定哪一天它就会发生。要让整个民族相信，庞大的德国军队并不像30年前普遍认为的那样，只是一支无害的国民卫队，就必须重新上演一次让我们损失惨重的战争。让人认识到强制保护会毁掉实行这种制度的民族，至少需要20年的灾难性实验。显然，这种例子不胜枚举。

四、理性

在列举能够影响群众心里的因素时，根本没有必要提到理性，除非是为了指出它能造成的消极影响。

我们已经证明，群体不受推理的影响，它们只能接受那些皮从起来的观念。因此，那些懂得如何影响群体的演说家，总是借助于它们的感情而不是它们的理性。逻辑对群体没有任何作用。想让群体相信什么，首先要搞清楚什么感情能让他们兴奋，并且假装自己也有这种感情，然后以很低级的组合方式，用一些非常著名的暗示性概念去改变他们的看法，这样才能够——如果有必要的话——再回到最初提出的观点上来，慢慢探明引起某种说法的感情。必须根据讲话的效果随时改变措辞，所以一切有效的演讲都是不能事先进行准备和研究的。在这种事先准备好的演讲中，演讲者遵循的是自己的思路而非听众的思路，这样做的结果是使他的讲话不会产生任何影响。

满脑袋逻辑的演说家，习惯于相信一系列步骤比较严密的论证，因此在向群众讲话时，也难免会借助于这种说服方式，当他们发现自己的论证对群众根本不起作用时，总是百思不得其解。有位逻辑学家写到："通常，建立在三段论——即建立在一组公式上——的数学结论是无法推翻的……由于这不能推翻的性质，即使是无机物，如果它能够演算这一组公式的话，也不得不表示同意。"这话固然没错，然而群体并不比无机物更能遵守这种定律，它甚至没有理解的能力。只要

尝试一下用推理来说如原始的头脑——例如野蛮人或儿童的头脑——就会知道这种说服方式是多么一文不值。

想要看清楚理想在同感情对抗时是多么苍白，甚至不需要降低到这么原始的水平。我们只要想一下，就在几百年前，与最简单的逻辑也不相符的宗教迷信是多么顽强！在接近两千年的时间里，即使是最清醒的天才，也不得不在它们的教条面前俯首称臣。只是到了现代，它们的真实性才多少受到了一点挑战。中世纪和文艺复兴时代也有不少开明之士，但没有一个人通过理性思考，认识到自己的迷信中十分幼稚的一面，或者对魔鬼的罪行或烧死巫师的必要性表示过丝毫的怀疑。

群体从来不受理性指引，对此我们是否应该表示遗憾？我们不必贸然称是。毫无疑问，是幻觉引起的激情和愚玩激励着人类走上了文明之路，在这方面人类的理性是没有多大用处的。作为支配着我们的无意识力量的产物，这些幻觉无疑是必要的。每个种族的精神成分总都携带着它们宿命的定律，并且它出于一种或许是无意识的冲动，只能服从这些定律，即使这种冲动看起来极不合理。有时，各民族好像被一些神秘的力量所掌控，他们类似于那种使果实成长为树木或让行星在自己的轨道上运行的力量。

我们若想对这种力量有所认识，就必须研究一个民族的整个进化过程，而不是这一过程中出现的孤立的事件。如果只考虑这些事件，历史就成了一连串不可能的偶然性所造成的结果。一个加利利的木匠似乎不可能变成一个持续两千年之久的全能的神，使最重要的文明以他为基础建立；一小撮从沙漠里冒出来的阿拉伯人，似乎不太可能征服希腊罗马世界的大部分地区并建立起比亚历山大的领土更大的帝国；在欧洲已经十分发达、各地政权都已有了等级森严的制度的时代，区区一个炮兵中尉似乎也不太可能征服众多民族及其国王。

因此，我们还是把理性留给哲人吧，不要过于强求它对人类的统治起作用。一切文明的主要动力并不是理性，倒不如说，尽管理性是存在的，文明的动力仍然是各种感情——如尊严、自我牺牲、宗教信仰、爱国主义以及对荣誉的追求。

第三章　群体领袖及其说服的手法

提要

1. 群体的领袖。一切群体动物有着服从头领的本能需要；群体领袖的心理；只有他们能够使群众有所信仰并把他们组织起来；领袖的专断；领袖的分类；意志的作用。2. 领袖的动员手段：断言、重复和传染。这些手段的不同作用；相互传染从社会下层向上层蔓延的过程；民众的意见不久就会成为普遍意见。3. 名望。名望的定义和分类；先天的名望和个人名望；各种实例；名望受到破坏的方式。

现在我们已经了解了群体的精神结构，也知晓了能够对他们头脑产生影响的力量。接下来需要研究的是，这些力量是怎样发挥作用的，以及是谁把它们有效地变成了实践的力量。

一、群体的领袖

只要一些生物聚集在一起，无论是动物还是人，都会本能地让自己处于一个头领的领导之下。

就人类群体而言，所谓头领，有时不过是个小头目或者爱出风头的人，但即便如此，他的作用也十分重要。他的意志是群体意见的形成并达成一致的核心。他是各路人成为一个组织的第一要素，他为他们形成派别铺平了道路。一群人就仿佛温顺的羊群，失去了头羊就会无所适从。

领袖最初也常常只是被领导者的一员，他自己也是被某些观念所浸染，然后成为了它的追随者。他对这些观念十分着迷，以至于除此之外的其他事情都消失了。在他眼里，一切相反的言论都是谬论或迷信。这方面的一个实例是罗伯斯庇尔，他对卢梭的哲学观点如痴如醉，在传播它们时竟然采用了宗教法庭的方式。

我们所提到的领袖，更有可能是个实干家而非思想家。他们并没有才思敏捷深谋远虑的异秉，他们也不可能如此，因为拥有这类品质的人倾向于忧虑过甚。在那些精神异常的、容易兴奋的、半癫狂的即处于疯子边缘的人中间，尤其容易产生这种人物。无论他们追求的目标或坚信的观念是多么荒诞，他们的信念如此坚定，这使得任何理性思维对于他们都形同虚设。他们对别人的藐视和保留态度不为所动，说不定这只能让他们更兴奋。他们牺牲自我的利益和家庭——牺牲自我的一切。自我保护的本能在他们身上消失得无影无踪，在绝大多数情况下，他们所图的唯一回报就是以身殉职。他们强烈的信仰使得他们的话极具说服力。老百姓总是愿意听从于意志坚定者，而他也知道如何强迫他们接受自己的看法。聚集成群的人会完全失去自己的意志，本能地转向一个具备他们所缺少的品质的人。

每个民族都有自己的领袖，但是各民族的人并没有全都处在那种使徒式的强烈信念的刺激之下。这些领袖往往深谙巧言令色之道，一味追求私利，通过取悦无耻的本能来说服众人。他们利用这种方式或许会产生极大的影响，然而这只能一时奏效。有着狂热的信仰，能够打动群众灵魂的人，例如隐士彼得、路德、萨福那罗拉之流，以及法国大革命中的人物，只有在自己先被 7 种信条搞得浮想联翩后，才能够让别人也浮想联翩。这样他们才能从自己的灵魂里召唤出一股坚不可摧的力量，即所谓的信仰，它能让一个人彻底成为自己梦想的奴隶。

不管信仰是宗教的、政治的或社会的，也不管这信仰的对象是一本书、一个人或一种观念，信仰的建立永远有赖于人群中伟大领袖的作用。正是在这一点上，他们有着非常强大的影响力。在人类所能掌握的一切力量中，信仰的力量最为惊人，福音书上说，它具有移山填海的力量，这话一点也不假。只要一个人具有信仰，他就强大了十倍。重大历史事件一直都是由一些无名小卒来谱写的，他们除了坚持自己的信仰之外，其他的一无所知。传遍全球的伟大宗教，或是从地球的一边扩张到另一边的帝国，它们的创立，靠的并不是学者或哲学家的帮助，更不是怀疑论者的帮助。

不过，对于上边提到的那些事情，我们关注的是那些伟大的领袖，他们为数不多，史学家很轻易就可以将之逐个清点出来。他们构成了一个连续体的顶峰，其上是些位高权重的主子，下边则是些出卖力气的人。在烟雾缭绕的小酒馆里，他们不断向自己同志的耳朵里灌输着只言片语，慢慢地让其入迷。对于那些话的真实含义，他们自己也不太理解，但是按照他们的说法，只要将之付诸行动，就一定会让一切的美梦成真。

在社会的各个领域，从最高贵者到最卑贱者，人们一旦脱离了孤立状态，便立刻处于某个头领的影响之下。大部分人，尤其是群众中的大部分人，除了自己的行业之外，对任何问题都没有清晰合理的想法。头领的作用就是充当他们的领路人。然而，定期出版物也可以有这个作用，虽然效果不太好，但这些出版物能够制造有利于群众领袖的舆论，向他们提供现成的套话，使他们不必再为如何说理伤脑筋。

群众领袖拥有统治的权威，这种统治性为他们得到服从提供了必要条件。人们通常注意到，他们的权威无须任何东西作为后盾，轻易就可以使工人阶级中的暴躁分子听从自己的命令。他们规定工时和工资比例，提出罢工指令，何时开始何时结束，全依他们一声令下。

如今，政府情愿被人怀疑，是自己越来越软弱无力，因此这些领袖和煽动家正日益倾向于谋取政府的位置。这些新主子的暴政带来的结果往往是，当群众服从他们时，要比对待政府顺从得多。若因为某种变故，领袖从舞台上消失了，群众就会回到群龙无首不堪一击的状态。再一次巴黎公共马车雇员的罢工中，两个指挥的领袖一被抓起来，罢工就立刻结束了。在群体的灵魂里占主导地位的，并不是对自由的追求，而是当奴才的本能。他们是如此趋向于服从，因而无论谁自称是他们的主子，他们都会本能地表示屈服。

这些首领和煽动家可以分为截然不同的两种类型。一类是那些精力充沛、但只在一时意志坚定的人。与他们相比，另一类人更稀有，他们的意志力更持久。前一种人一身蛮勇，在领导突然决定的暴乱、带领群众冒死犯难、让新兵一夜之间成为英雄这些事件中，他们的用处特别显著。第一帝国时代的内伊和缪拉就属于这种人，在我们这个时代，加里波第也属于这类人物，他虽然一无所长，却是个精力旺盛的冒险家，他率领着一小队人马，就拿下了有着纪律严明的军队保卫的古老的那不勒斯王国。

不过，尽管这类领袖的活力是一种不可小视的力量，但它却难以持久，很难延续到使它发挥作用的兴奋事件之后。当这些英雄回归到日常生活中时，就像我刚才所说，他们很容易暴露出最为严重的性格弱点。他们虽然能够引领别人，却似乎不能在最简单的环境下思考和支配自己的行为。他们是这样一群领袖，在某种情况下，他们也在受人领导并不断地受到刺激，总是有某个人或观念在前方引领着他们，有明确制定的行动路线可供他们遵循，不然他们就无法发挥自己的作用。而另一类领袖，即那些有着持久意志力的人，虽然不那么光辉灿烂，但他们的影响力却要大得多。在这些类人中，可以找到各种宗教和伟业的真正奠基者，譬如圣保罗、哥伦布和德·雷赛布都是。他们有的明理、有的狭隘，这些都不重要——世界是属于他们的。他们所具有的持久的意志力，是一种极为宝贵、极为强大的品质，它足以征服一切。强大而持久的意志力能够取得的成就，并不总能得到足够充分的

评价。但是事实是,没有任何事情能够阻拦它,无论自然还是人,都不能。

强大而持久的意志力能够创造怎样的效果,德·雷赛布为我们提供了一个最近的实例。他是一个把世界分成东西两半的人,他所成就的事业,在过去的三年里曾有最伟大的统治者尝试过并失败了。他后来在一项类似的事业上失败了,但那是因为他年事已高的原因,包括意志力在内的一切东西,都会被衰老所击倒。

若想说明单凭意志的力量能够做到什么,只须好好想一想关于开凿苏伊士运河时攻克难关的史实记载就够了。一位见证人用不多但令人印象深刻的笔墨,记录下了这项伟大工程的缔造者所谱写的整个故事:

日复一日,无论遇到什么事情,他都在讲着那个关于运河的惊人故事。他讲述着他所战胜的一切:他如何把不可能变为可能、他遇到的一切反对意见、一切与他作对的联盟,他经历的所有失望、逆境和失败,都没能让他丧失信心。他追忆英国如何打击他、法国和埃及如何迟疑不决、工程初期法国领事馆如何带头反对他,以及他所遇到的反对的力度:有人试图用拒绝供应饮用水使他的工人因口渴而逃跑。他还谈到,海军部长和工程师,一切富有经验、受过科学教育并且有责任心的人,全都自然而然地变成了他的敌人,他们全都站在科学的立场上,断定前方就是灾难,预言它正在逼近,并且计算出它会在某日某时发生,就像预测日食一样。

涉及所有这些伟大领袖生平的书,不会包含太多人名,但是这些名字却是与文明史上的最重大时间密不可分的。

二、领袖的动员手段：断言、重复和传染

要想在短时间内激发起群众的热情，让他们采取无论什么实质行动，例如掠夺宫殿、拼死守卫要塞或阵地，就必须让群众对暗示迅速做出反应，其中最有效的手段就是榜样。不过，为了达到目的，应该在事前就有一些环境上的准备，尤其是希望用其去影响群众的人应当具备某种品质，对于这种有待深入研究的品质，我将其称为名望。

然而，当领袖们打算用观念和信念——譬如利用现代的各种社会学说——影响群体的头脑时，他们所采用的手段各不相同。其中最主要的是三种手段，清楚明白，就是断言法、重复法和传染法。它们的作用有些滞后，但一旦生效，效果持久。

让某种观念进入群众头脑最有效的方法之一，是作出简短有力的断言，而不管任何推理和论证。一个断言越是简单明了，证据和证明看上去越匮乏，它的威力就越大。任何时代的宗教书和各种法典，总是诉说着简单的断言。号召人们起来捍卫某项事业，或是利用广告推销商品的商人，都深知断言的价值。

然而，如果断言没有被不断的重复——最好保持措辞不变——它依然不会产生真正的影响。我相信拿破仑这句话，极为重要的修辞法只有一个，即重复。得到断言的事情，是通过不断重复才在头脑中生根，并且这种方式最后能够使人将它当作得到证实的真理而接受。

只要看一看重复的方法对于最明智的人产生的影响，就可以理解他对群体的理想。这种力量来源于这样一个事实，即从长远看，不断

重复的说法会进入我们无意识自我的深层区域，而我们的行为动机正是在这里形成的。到了一定时候，我们会忘了那个不断重复的观点的创造者是谁，我们已经对它深信不疑。广告之所以有惊人的影响力，道理就在于此。倘若我们成百上千次读到，X 牌巧克力是最好吃的巧克力，我们就会以为自己听到全世界都在这样说，最终我们会相信事实就是这样。倘若我们成百上千次读到，Y 牌药粉治好了大名人身上的顽疾，那么，一旦我们也得了相同的病，我们终究忍不住也会去尝试一下。倘若我们总是在同一家报纸上读到张三是个臭名昭著的恶棍，李四是最诚实的老实人，我们最后就会相信这就是事实，除非我们再去读一家观念相反、把他们的品质完全反过来的报纸。若断言和重复分开使用，它们各自的强大力量足够相互厮杀一番了。

如果一个断言得到了有效地重复，这种重复中再也没有了争议，就像在一些著名的金融项目中，富豪足以收购所有的参与者一样，就会形成所谓的主流意见，强大的传染过程就此开始了。各种观念、情感、情绪以及信念，在群众中都有着病毒一样强大的传染力。这是一种十分自然的现象，因为即使在聚集成群的动物中，也能看到这种现象。马厩里有一匹马踢它的饲养员，其他马也会学着这样做；羊群里有几只羊感到害怕，这种情绪很快会蔓延整个羊群。在聚集成群的人中间，所有的情绪也会迅猛地传染，这就解释了恐慌的突发性。头脑混乱就像发狂一样，它本身也是很容易被传染的。在疯病医生的身边，不断有人会变成疯子，这已经不是什么新闻了。当然，最近有人说起一些疯病，比如广场恐惧症，也能由人传染给动物。

人们同一时间处于同一地点，并不是他们受到传染的必要条件。

有些事情能让所有的头脑产生一种特有的趋向以及一种群体所独有的性格，在这种事件的影响下，相距甚远的人也能感受到传染的力量。当人们心理上的准备已经齐备，受到了我之前讨论过的一些间接因素的影响时，情况更是如此。这方面的一个例子是 1848 年的革命运动，它在巴黎爆发后，迅速传遍了欧洲大部分地区，导致一些王权岌岌可危。

很多影响要归因于模仿，其实这只是传染造成的结果。我在另一本书中对它的影响曾做过说明，因此这里我只是重复一下 15 年前我就这一问题说过的话。下边引用的观点已由另一些作者在最近出版的作品中做了进一步阐释。

人和动物一样具有模仿的天性。模仿对人类来说具有必然性，因为它是如此容易。正因为这种必然性，才使所谓时尚的力量如此强大。无论是意见、观念、文学作品甚至服饰，有几个人能够鼓足勇气同时尚唱反调？支配着大众的是榜样，不是论证。每个时期都有少数个人同其他人作对并受到无意识的公众的模仿，但这些有个性的人不能过于明目张胆地反对公认的观念。他们要是这样做的话，会使模仿他们变得过于困难，他们的影响力就无从谈起了。正是由于这个原因，过于超前于自己时代的人，一般不会对本时代产生影响。这是因为两者的界限过于分明。也是由于这个原因，尽管欧洲文明有很多优点，但它对东方文明的影响却非常微弱，因为两者之间实在是有着天壤之别。

从长远看，历史与模仿的双重作用会使同一个国家、同一个时代的一切都十分相似，甚至那些好像坚决不接受这种双重影响的人，如哲学家、博学之士和文人，他们的思想和风格也散发着一种相似的气息，使人立刻就能辨别出他们所处的时代。因此，如果想全面了解一个人读什么书，习惯什么消遣，他所生活的环境，并没有必要同他做长时间的交谈。

传染的威力如此强大，它不但能迫使一个人接受某些意见，而且能让他接受一些情感模式。传染使一些著作由于某种原因在某个时期受到轻视——比如《唐豪塞》，在几年后，因为同样的原因，那些原本抱着批评态度的人，又会对它们大为赞赏。

群体的意见和信念尤其会因为传染，而非因为推理而得到普及。现在流行于工人阶级中的他们在公共场合学到的学说，就是断言、重复以及传染的结果。当然，每个时期创立群众信仰的方式，也大抵如此。

应该提出，就像我在前边提到的情况，传染在广大民众中起作用后，也会传播到上层社会。现在我们看到，传染的威力是如此强大，在它的作用下，甚至个人利益的意识也会消失得无影无踪。

由此阐明了一个事实：被民众广泛接受的每一种观念，最后总能以其强大的力量在社会的最顶层站住脚，无论获胜的意见是多么明显地荒谬。社会底层对社会顶层的这种反作用是个更加奇妙的现象，因为群众的信念多少总是起源于一种更深刻的观念，而它在自己的诞生地常常是默默无闻的。领袖和煽动家被这种深刻的观念打动以后，就会把它据为已有，对它进行歪曲，组织起让它再次受到歪曲的宗派，然后在群众中加以扩散，而群众会继续篡改它们。当观念变成大众的真理，它就会返回到自己的出生地，对一个民族的上层产生影响。从长远看是智慧创造世界的未来，但这种作用其实十分间接。当哲学家的思想通过我所阐述的这个过程最终大获全胜时，这些思想的缔造者早已化为尘埃了。

三、名望

观念利用断言、重复以及传染得到了普及，因环境而取得了强大的威力，这时它们就会拥有一种神奇的力量，即所谓的名望。

世界上无论哪种统治力量，不论它是观念还是人，其权力之所以能够得以强化，主要都是依靠一种难以抵挡的力量，这就是“名望”。每个人都知道这个词的意思，但是其用法却各异，因此不易下定义。名望所涉及的情感，既可能是赞赏，也可能是畏惧。这些情感有时以它为基础，但没有它也完全能够存在。最大的名望是属于死去的人的，即使我们已经不再畏惧他们。另外还有一些我们并不赞成的虚幻的存在——印度地下神庙中那些令人生畏的神灵，我们畏惧它们是因为它们的名望。

在现实中，名望是某个人、某本书抑或是某种观念对我们思维的支配力。这种支配力会使我们的批判力完全麻木，让我们心中充满惊叹和敬畏。这种感觉就像所有情感一样难以理解，不过它好像同魅力人物所引发的各种幻觉没什么两样。名望是一切权威的主要因素，无论国王或者美女，缺少它一概没戏唱。

纷繁复杂的名望概括起来可以分为两大类：先天名望和个人名望。先天名望可以来自于称号、财富以及名誉。它可以与一个人本身相分离。相反，个人名望基本上是一个人所独有的，它可以与名誉、荣耀、

财富共存，并由此得到强化，但即使没有这些东西，也不影响它的存在。

先天名望或这说是人为的名望是很常见的。一个人居于某种地位，拥有一定的财富或头衔，仅凭这些，就能使他享有名望，无论他本人是多么没有价值。一身戎装的士兵、身穿法袍的法官，总会让人肃然起敬。帕斯卡尔非常正确地指出，法袍和假发是法官不可或缺的行头，没了这些东西，他们的权威就会打个对折，拥有这种头衔会使剥削商人变得易如反掌。

以上所说的这些名望，是由人来体现的。除了这些名望，还有一些名望是体现在各种观点以及文学艺术作品中的。后者的名望通常只是长年累月不断重复的产物。历史，尤其是文学和艺术的历史，无非就是在不断地重复一些判断。没有人想要去证实这些判断，人们最后都会重复他从学校里学到的东西，直到最终出现一些再没有人敢来质疑的称号或事物。对于一个现代的读者来说，研读《荷马史诗》无疑是一件极端痛苦的事，可是谁敢这么说呢?巴特农神庙按其现存的状态，只不过是一对没有意义的废墟，但是它的巨大名望却使它看起来不是那个样子的，而是作为连接历史记忆的纽带存在。

“如果他的财富能够使他保持自己的身份，他事先便可以断定他们会爱戴他；只要能与他交往，他们便会心甘情愿地把自己的一切交付与他。看得出来，当他出现时，他们高兴得满面红光；如果他向他们说话，他们会因为抑制不住的快乐而面红耳赤，眼睛里闪烁着不同寻常的光芒。这么说吧，他们的血液里流淌着崇敬贵族的血，正如西班牙人喜欢舞蹈、德国人热爱音乐、法国人热衷革命一样。他们对骏马和莎士比亚并不怎么热情，这些东西带给他们的满足和骄傲也算不上他们生活中不可缺少的一部分。讲述贵族的书销路特别好，随处可见。”

名望的特点就是让我们看不到事物的本来面目，让我们的判断力彻底瘫痪。

群众和个人一样，对一件事情需要有现成的意见提供给他们。这些意见的普遍性与它们的对错无关，它只受名望的限制。

现在我来聊聊个人的名望。它的性质与我刚才提到的那些认为的或先天的名望完全不同。这是一种无关一切头衔和权力的品质，只被极少数人拥有，它能使他们对自己周围哪怕社会地位和他相同的人施展真正神奇的魔法，并且他们也不使用任何平常的统治手段。他们迫使周围的人接受他们的思想与感情，众人对他的服从，就像轻轻松松就能吃人的猛兽服从驯兽师一样。

伟大的群众领袖都享有这种崇高的名望，他们所取得的地位也同这种名望息息相关。英雄豪杰和各种教义，能够在这个世界上大行其道，都是因为它们各自有着深入人心的力量。当然，对他(它)们是不能进行深究的，一旦深究，他(它)们就烟消云散了。

我提到的这些人，在成名以前就已经具备神奇的力量了，否则他们也不会成名。比方说，达到荣耀顶峰的拿破仑，仅仅因为他的权力，就享有巨大的名望，但是在他没有这种权力、默默无闻时，他其实就已经在一定程度上具备了这种名望了。当他还是个名不见经传的军人时，那些有权势的人要保护自己，所以派他去指挥意大利的军队。他发现自己周围全都是义愤填膺的将军，他们一心要给这个总督派来的年轻的外来者一点颜色看看。从一开始，从第一次会面时起，他没有借助任何语言、姿态或威胁，他们一看到这个将会成为大人物的人，就被折服了。泰纳借助当时的回忆录，对这次会面做了引人入胜的阐述。

统帅部的将军中间包括奥热罗，此人乃一介武夫，很为自己的大块头和一身蛮力洋洋自得。他来到军营，对巴黎派给他们的那个暴发户一肚子怒气。对于传闻中的关于此人如何强大的描述，他打算粗暴地不予理睬，那些描述是：此人是巴拉斯的宠儿，因旺代事件得到了将军的头衔，他在学校里的成绩就是打架斗殴，相貌平平，有着数学家和梦想家的美名。他们被带来了，波拿巴让他们等在外边。他终于佩戴着自己的剑出现在他们面前。他戴上帽子，对他们说明了他将采取的措施，下达命令，然后让他们离开。奥热罗一直沉默不语，直到出门后他才重新找回了自信，让自己能够像平时那样骂骂咧咧地说话。他认同了马塞纳的看法，这个小个子魔鬼将军让他感到敬畏，他无法理解那种须臾间便将他压倒的气势。

变成大人物后，拿破仑的名望与他的荣耀同步增长，至少在他的崇拜者眼里，他的名望已经和神差不多了。旺达姆将军，粗人一个，典型的大革命时代军人，甚至比奥热罗还要来得粗野，1815 年，在与阿纳诺元帅一同登上杜伊勒利宫的楼梯时，他对元帅谈起了拿破仑：“那个魔鬼般的人物对我施展了魔法，我自己也搞不懂怎么这么邪门，一看到他，我就像个小孩子一样忍不住发抖。他简直能够让我上刀山、下火海。”

拿破仑对所有和他接触过的人，都能产生这种神奇的影响。达武在谈到他自己和马雷的献身精神时说：“如果皇帝对我们说，‘毁掉巴黎，不让一个人活着离开，这对于我的政策至关重要’，我相信马雷会为他恪守秘密，但他还不至于冥顽到不想让自己的家人离开这座城市。而我则会因为担心走漏风声，把我的妻儿留在家里。”

必须牢记这种命令那摄人心魄的力量，才能够理解他——拿破仑完全意识到了自己的名望，他知道，想要让自己的名望更进一步，就要把身边的人看得还不如马夫。这些人包括国民议会里一些令欧洲人闻风丧胆的显赫人物。当时的许多轶闻都能说明这一点。一次国务会议上，拿破仑曾粗暴地羞辱过伯格诺，那种无礼就像对待一个仆人一样。达到预料的效果后，他走到这个人面前说：“喂，蠢货，你找到脑子了吗？”伯格诺——一个如鼓手长一般高大的男人，深深地弓着腰。那个小个子伸手揪住了大个子的耳朵，把他提了起来。“这是令人心醉的宠信的表现，”伯格诺写道，“这是主人发怒时常见的亲密举动。”这些事例可以让人清楚地认识到，名望能够制造出多么无耻的歪理邪说。它也能够让我们看到大暴君对小喽啰们极为轻蔑的态度——他只把他们当作“炮灰”。

再让我们看一看拿破仑从厄尔巴岛返回法国的壮举——他孤身一人，面对一个对他的暴政想必已经厌倦的大国，却能闪电般将其征服。他只需瞧一眼那些派来阻挡他的、曾立下军令状的将军们，他们便没做任何商量就妥协了。

英国将军吴士礼写道：“拿破仑，一个来自厄尔巴岛的逃犯，几乎孤身一人在法国登陆，几周之内便把合法国王统治下的法国权力组织全部推翻。还能找出比这更惊人的方式来证明一个人的权势吗？在他这场最后的战役中，从头至尾，他对他的同盟国施加了多么惊人的权势！他们被他牵着鼻子走，差一点就让他赢了个彻底！”

他的名望比寿命还长，并且有增无减。他的名望让他的一个默默无闻的侄子成为了皇帝。直到今天世人依然对他的传奇津津乐道，足见对他的怀念是多么强烈。随心所欲地迫害人，为了一次次的征战，让数百万人失去了生命——只要你有足够的名望和付诸实践的才能，人们就会允许你这样做。

不错，我所谈的都是一些关于名望的非比寻常的例子。然而为了了解那些伟大的宗教、伟大的学说和伟大的帝国的起源，举出这些例子是有好处的。若是没有名望对群众的影响，这一切的发展都是无法想象的。

但是，名望并非完全以个人权势、战绩或宗教威信为基础。它可以有比较平庸的来源，其力量也是十分可观的。这样的例子我们这个时代就有一些。其中最惊人的让后人世代传扬的，就是那个把大陆一分为二，改变了地球面貌和通商关系的人的故事。他完成了自己的壮举，是因为他有强大的意志力，也因为他能让自己身边的人着迷。为了克服诸多质疑，他只让自己的表现说话。他言简意赅，但他的魅力可以化敌为友。英国人尤其反对他的计划，但是他一出现在英国，就把所有的赞成票都拉到了自己一边；当他晚年路过南安普顿时，一路上教堂钟声不断；现如今又有一场运动在英国展开，要为他建造一座塑像。

征服了必须征服的一切——人和事、沼泽、岩石、沙地——之后，他相信已经没有任何事能够阻挡他，他想在巴拿马再挖一条苏伊士运河。他按照老办法着手这项工程，无奈他年事已高。此外，即使有愚公移山的信念，如果那山过于高大，也是无法移动的。山会进行抵抗，随之而来的灾难，抹去了这位英雄身上耀眼的光环。他的一生不仅说明了名望是怎么来的,也说明了它是怎么没的。在成就了足以与历史上最伟大的英雄媲美的业绩后,他却被自己家乡的官僚打入了最下贱的阶下囚之流。他去世时没人留意,灵柩经过之处,只有一群毫无知觉的民众。只有外国政府像对待历史上每一位伟人一样,依旧怀着敬意对他表示纪念。

之前提到的这些事依然属于极端的例子。如果想要对名望的心理学有更为深刻的认识,就要把它们放置在一系列极端的事例中。这个系列的一端是宗教和帝国的缔造者,另一端则是用一顶新帽子或一件新衣服向邻居炫耀的人。

在这两个极端中间,文明中的各种元素——科学、艺术、文学等——所带来的一切不同形式的名望,都占据着一席之地,我们也可以看到,名望是说服群众的一个基本因素。

"在费迪南·德·雷赛布受到指控后,再也没人有权对哥伦布的悲惨下场表示惊讶。如果雷赛布是个骗子,那么一切高贵的幻想便都成了犯罪。古人用荣耀的光环纪念他,让他饮下奥林匹克的甘露,是因为他改变了地球的面貌,完成使万物更加完美的使命。上诉法院首席法官因为指控费迪南·德·雷赛布而名垂青史,因为各民族总是需要一些人,他们不怕把帽子扔向一位老人——其人生使他的时代光辉熠熠——以此来贬低自己的时代。"

"在大胆创举受到资产阶级憎恨的地方,再也不要讨论什么不可撼动的正义未来!民族需要勇士,他们充满自信,克服了所有障碍,置个人安危于度外。天才不可能谨小慎微,一味谨小慎微,人类的活动范围是不可能扩大的。"

"……费迪南·德·雷赛布体会过成功的喜悦和失败的创痛——分别在苏伊士和巴拿马。在这一点上,这颗心对成功的道德进行了反叛。当雷赛布成功地联通了两个海洋时,国王和人民向他致敬;如今,当他在科迪雷拉斯的岩石面前败北时,他不过是个毫无教养的骗子。从这种结局里我们看到了社会各阶级之间的斗争,看到了资产阶级和雇主们的不满,他们借助刑法的力量,对那些木秀于林的人加以报复,在面对天才那高远的理想时,现代立法者的心中充满窘迫,而公众对这些理想也缺乏理解。而一个大律师想要证明斯坦利(比利时著名探险家)是个疯子、德·雷赛布是个骗子并不难。"

"享有名望的人、观点或事物,会在传染的作用下,立刻受到人们有意无意的模仿,以至于整整一代人共享某种情感或表达思想的模式。进一步说,这种模仿往往是不自觉的,这就解释了它的彻底性。某些模仿原始人的单调色彩和僵硬线条的现代画家,与他们灵感的来源相比,很少能够具有更大的生命力。他们确实是抱着真诚的态度的,但如果没有哪个杰出的大师再现这种艺术形式,人们注意到的便会一直是他们低级幼稚的一面。那些模仿另一位大师的艺术家,在他们的画布上涂满了紫罗兰色的暗影,但是其实他们并没有在自然界看到比50年前更多的紫罗兰。他们只是受了另一位画家的个性和特殊印象的影响,即受到了他的"暗示",而这位画家尽管古怪,却成功地获得了巨大的名望。在文明的所有因素中,都可以举出这样的例子。"

以上论述表明,名望的产生与很多因素有关,而其中成功永远是最重要的一个因素。每个成功者,每个得到承认的观念,仅仅因为成功这一事实,便不再受到质疑。成功是通向名望的主要阶梯,其证据就是一旦成功不再,名望几乎也总是随之消失。昨天众星捧月的英雄一旦失败,今天就会受到侮辱。当然,名望越高,反应也会越强烈。在这种情况下,群众会把陌路英雄当成自己人,为自己曾向一个已不复存在的权威卑躬屈膝而进行报复。当年罗伯斯庇尔把包括自己同伙在内的大量人处死时,他享有巨大的名望。当几张选票的转移使他失去了权力时,他便立刻失去了名望,群众齐咒骂着把他送上了断头台,正像不久前对待他的牺牲品一样。他们总是丧心病狂地打碎他们曾经信仰的神明的塑像。

名望缺少了成功,会在很短的时间里消失。不过它也可以在探讨中受到琢磨,只是时间要更长一些。不管怎么说,探讨的力量是极为可靠的。当名望成为问题时,它便不再是名望。能够长期保持名望的神和人,对探讨都毫不留情。为了让群众敬仰,必须同它保持距离。

第四章　群体的信念和意见的变化范围

提要

1. 牢固的信念。某些普遍信念不易改变;它们是文明的主流;根除它们十分困难;信念在哲学上的荒谬性不妨碍它的传播。2. 群体意见的多变。不是来自普遍信念的意见极为易变;近百年来观念和信仰的多样化;这种多样化的真正界限;受到多样化影响的事物;混乱的报业造成了意见的多变。

一、牢固的信念

生物的解剖学特征与心理学特征特别类似。在解剖学特征中,有一些不易被改变或只有轻微改变的因素,其改变是要以地质年来计算的。除了这些稳定的,不可破坏的特征之外,也存在一些极易变化的特征,比如利用畜牧和园艺技术就能轻易改变的特征,它们有时甚至会使观察者看不到那些基本特征。

类似的现象也会出现道德特征上。一个种族除了有不可变更的心理特征外,也存在着一些可变因素。因此在研究一个民族的信仰和意见时,在一个牢固的基础结构之上,总是能够发现一些嫁接于其上的意见，它就像岩石上的流沙一般易变。

因此，群体的意见和信念通常可以分为区别很大的两种。一方面我们有重要而持久的信仰，它能够持续数百年不变，说不定它就是整个民族文明的基础。譬如过去的封建主义等，在我们这个时代则有民族主义原则和现在的民主的观念。其次是一些短暂而易变的意见，它们通常是每个时代自我衍生出的一些普遍学说的产物，例如各种影响文学艺术的理论，就像那些产生了浪漫主义、自然主义或神秘主义的理论。这些意见往往都是表面的，就像时尚一样变化多端。它们就相当于一池深水表面不断变换的波纹。

伟大而普遍的信仰是极为罕见的。它们的兴衰是每个文明种族的历史上令人瞩目的事情。是它们构建了文明的真正基础。

用一时的意见影响群众的头脑并不难，难的是让一种信仰长期在群众心中扎根。然而，一旦这种信念得以确立，想要根除它同样困难，往往只有用暴力革命才能革新它们。甚至当信念对人们的头脑几乎完全失去控制时，还是要借助革命。在这种情况下，革命的作用是对快要被人抛弃的东西做最后的扫荡，因为习惯的力量阻碍着人们彻底放弃它们。一场革命的开始，其实代表着一种信念的末日。

一种信念开始衰亡的准确时间很容易辨认——即当它的价值开始受到质疑的时刻。所有普遍的信念不过是虚构的产物，它生存的唯一条件就是它不能受到审查。

不过，即使当一种信念已经摇摇欲坠时，根据它建立起来的制度还是会保持其力量，不会迅速灭亡 。在最后，当信念的余威消失殆尽时，一切建立于其上的东西很快也会逐渐消亡。迄今为止，还没有哪个

民族能在没有下决心破坏其全部文明因素的情况下更换它的信仰。这个民族会继续这一转变过程，直到停下脚步接受另一种普遍观念为止，在此之前它会一直处在一种群龙无首的状态中。普遍信念是文明不可或缺的基石，它们决定着各种思想的方向。只有它们可以激发信仰并形成责任意识。

各个民族一直都知道普遍信念的好处，它们本能地感觉到，这种信念的消亡是它们衰败的信号。令罗马人征服世界的信念，是他们对罗马狂热的崇拜之情；当这种信念大限将至时，罗马也注定难逃衰亡的命运。至于那些毁掉了罗马文明的野蛮人，只有当他们共同接受了某种信念，因而取得了一定程度的团结，摆脱了无政府状态时，他们才能做到这一点。

各民族在捍卫自己的意见时，总是表现不出宽容大度来，这当然是有理由的。这种对哲学批判呈现出的不宽容，代表着一个民族生命中最必需的品质。在中世纪，正是为了寻求或坚持普遍信仰，才有那么多发明创新者被送往焚烧场，即使宗教没有杀死他们，他们也难免死于绝望。也正是为了捍卫这些信念，世界上才常常上演一幕幕惨不忍睹的战乱，才有成千上万的人已将或将要战死沙场。

建立普遍信念的道路可谓一路荆棘，不过一旦它站稳了脚跟，它会成为很长一段时间内不可征服的力量，不管从哲学上看它是多么荒谬，它都会进入最清醒的头脑。在长达1500年的时间里，欧洲各民族不是一直对那些像莫洛克神一样野蛮的宗教神话深信不疑吗？那些天赋异禀的人，如伽利略、牛顿、莱布尼茨，甚至一点也没有意识到这种说教的真实性是值得怀疑的。没有什么比这个事实更典型地证明了普遍信仰有催眠作用，也没有任何事情能更准确地表明，我们的理智有着令人汗颜的局限性。

新的教条一旦在群体的头脑中扎根，就会变成鼓舞人心的源泉，由此会发展出各种制度、艺术以及生活方式。在这样的环境下，它对人们实行着绝对的控制。实干家一心想要它变成现实，立法者一心想把它付诸实行，哲学家、艺术家和文人则沉迷于如何用各种不同的方式表现它，除此之外心无他物。

从基本信念中可以衍生出一些观念，它们虽然短暂，却始终带着那些信念的烙印。例如埃及文明，中世纪的欧洲文明，阿拉伯地区的文明，都是寥寥几个宗教信仰的产物，这些文明中即便是最微不足道的事物，都留下了一眼就能辨认出它们的印记。

因而，幸亏有这些普遍信念，每个时代的人们都在一个有相似的传统、意见和习惯组成的基本环境中成长，他们无法摆脱这些东西的羁绊。人的行为首先由他们的信念支配，也受到因这些信念而养成的习惯的支配。这些信念调配着我们生活中最微不足道的行为，即使是最具独立精神的人也无法摆脱它们的影响。真正的暴政，是支配人的思想于无形的暴政，因为你无法与之对抗。是的，提比略和拿破仑都是可怕的暴君。暴君可以利用阴谋来推翻，但想要反对牢固的信念又有什么法子呢?在同罗马教徒的暴力对抗中，最终败下阵来的是法国大革命，即便群体的同情仍在它这一边，即便它采用了像宗教法庭那样无情的破坏手段。人类唯一真正的暴君，是他们对死去的人的怀念或者他们为自己编造出来的幻想。

普遍信念一般从哲学上看都是十分荒谬的，但这并不妨碍它最

终取胜。当然，如果这些信念没有了那种神奇的荒谬性，它也不会取胜。由于这个原因，这种新宗教虽然与以往所有的宗教一样，也以产生破坏性影响为起点，但在将来它却无法发挥创造性的作用。

二、群体意见的多变

刚才我们阐述了牢固信念的力量，但是在这个基础的表面，还会滋生出一些新的意见、观念和思想。其中一些也许朝闻夕改，重要一点的，也不会比一代人的寿命更长。我们已经指出，这些意见的变化只是一些表面现象，他们总是受到一定的种族意识的影响。比如在评价法国政治制度时我们说明，各政党表面上看千姿百态——保守派、激进派、帝国主义论者等，但它们有着一个共同的理想，这个理想完全是由法兰西民族的精神结构决定的，因为在另一些民族中，即使有一些理想的名称与它相同，内容也是截然相反的。不管是那些意见被冠以的名称，还是其哄骗人的手法，都不会改变事物的本质。大革命时代的人深受拉丁文学的熏陶，他们的眼睛盯准了罗马共和国，采用它的法律、权标和法施，然而他们并没有变成罗马人，因为后者是处于一个有着强大历史意义的帝国的统治下的。哲学家的任务，就是研究古代的信念在这些表面变化的背后是在被什么东西支撑着，在不断变化的意见中找到受普遍信念和种族特性决定的成分。

如果不做这种哲学上的检索，人们会以为群众经常随意改变他们的政治或宗教信念。一切历史，无论是政治的、宗教的、艺术的或文学的，仿佛都证明了事实就是如此。就拿法国历史上非常短暂的一个时期来说吧，1790 年到 1820 年这 30 年的时间，也正好是一代人的时间。在这段时间，我们看到，原本是保皇派的群体变得十分革命，进而成了极端的帝国主义者，最后又变成了君主制的支持者。在宗教问题上，他们在这段时间先是从宗教倒向无神论，又从无神论倒向自然神论，最后又回到了最坚定的宗教立场。这些变化不只是发生在群众中间，也往往发生在他们的领导者中间。我们会惊奇地发现，国民公会中的一些要员，那些与国王作对、什么都不相信的人，竟会变成拿破仑温顺的仆人，在路易十八的统治下，又手持蜡烛虔诚地走到了宗教队伍中间。

在以后的数年里，群众的意见又数度改变。本世纪初"背信弃义的英国佬"在拿破仑继承者统治的时期，变成了法国的盟友。曾两度受到法国入侵、看到法国倒退幸灾乐祸的俄国，也成了它的朋友。

在文学、艺术和哲学中，接下来风向的转变更为迅猛。浪漫主义、自然主义和神秘主义等，你方唱罢我登场。昨天还受到追捧的艺术家、作家，明天就会被人骂个狗血淋头。

然而，当我们对这些表面变化进行深入分析时，我们会发现什么？一切与民族的普遍信念和情感相左的东西，都没有持久力，逆流不久后便会回归主流。与种族的任何普遍信念或情感都无关从而不具备稳定性的意见，只能听天由命，或者——加入这种说法还有可取之处——会依据周围的环境而发生改变。它们不过是在暗示和传染的作用下形成的一种短暂性现象。它们匆匆长成，又匆匆衰亡，就像海滩上被风吹而堆积的沙丘。

当下，群体中易变的意见比以往任何时候都多，其原因有三：

第一，过去信仰的影响力每况愈下，因此它们再也不像过去那样，能够在当时形成短暂的意见。普遍信仰的衰落，为一大堆既没有历史也没有未来的偶然意见提供了场所。

第二，群众的力量正在不断壮大，越来越没有力量能和这一势力抗衡了。因此，我们所知的群体观念极其多变这一特点被表现得淋漓尽致。

第三，最近报业的发展使得完全对立的意见被不断带往群众。每一种新的意见所产生的暗示作用，很快就会被对立意见的暗示作用破坏掉。结果是任何意见都难以普及，他们全都成了浮云。今天，一种意见还来不及被足够多的人接受而成为普遍意见，就已经消失了。

这些原因使得世界史上产生了一种全新的现象，它是这个时代最显著的特点。那就是政府在舆论引导上的无能。

就在不久的过去，政府的措施、少数作家和数量有限的几家报纸的影响，就是公众舆论真正的反映者，而今的作家已经没有任何影响力，报纸也成了单纯的意见反映者。对于政客来说，与其说是他们引导意见，不如说是他们在追赶意见。他们害怕意见，有时甚至到了恐惧的地步，这导致他们采取了极不稳定的行动路线。

于是，群众的意见越来越趋向于变成政治的最高指导原则。它已经发展到能迫使国家结盟的程度了，例如最近的法俄结盟，貌似就是一场群众运动的产物。如今存在这一种奇怪的症候，人们看到教皇、国王和皇帝们也同意接受采访，似乎他们不介意把自己对某个问题的看法说出来让群众评判。在政治上不能感情用事，这样的说法或许曾经说得过去，但是当政治越来越多地受到群众冲动的支配，而群众又不受理性影响，只受情绪支配时，这样的说法还正确吗？

至于过去充当意见引导者的报业，就像政府一样，也不得不在群众面前自降身价了。当然，它仍然有着很大的影响力，但这只不过是因为它只懂得一味反映群众的意见以及不断的变化而已。报业既然成了只是提供信息的部门，它便放弃了让人们接受某种观念或学说的努力。它在公众思想的变化中随波逐流，为了竞争的需要，它也只能这样做，因为它害怕失去自己的读者。从前那些稳健而有影响力的报纸，如《宪法报》、《论坛报》或《世纪报》，曾被上一代人看作是智慧的传播者，如今却要么已经不存在了，要么就是在逐渐转变为典型的现代报纸，最有价值的新闻往往被夹在各种轻松话题、社会见闻还有金融谎言中间。现在，没有哪家报纸富有到能够让它的撰稿人传播自己的意见，因为对于那些只想获得信息、对于经过思辨得出的结论一律持怀疑态度的读者来说，那些意见的价值是微不足道的。甚至连评论家也不敢说一本书或一台戏取得了成功。他们能够恶语中伤，却无法提供服务。报馆心知肚明，在形成批评或个人意见上没有任何有价值的东西，于是它们便选择压制批评，仅限于提一下书名，再说上两三句“捧场的话”。在20年的时间里，同样的命运可能就会降临到戏剧评论的头上。

如今，密切留意各种意见，已经俨然成为报社和政府的首要工作。他们需要不经过任何中间环节地知道一个事件、一项法案或一次演说造成的效果。这个工作可不轻松，因为没有任何事情比当今群众的想法更多变，今天，也没有任何事情，能够像群众对他们昨天还举双手赞成的事情今天就给予痛骂来得更平常。

引导意见的力量的缺失，加上普遍信仰的消亡，其最终结果便是对一切秩序都产生极端对立的信念，并且让群众对一切没有明显触及到他们切身利益的事情越来越漠不关心。像这种信条的提出，只能在很没有文化的阶层，如矿工和工厂里的工人中间取胜。中产阶级的下层成员以及受过一些教育的工人，如果没有变成彻底的怀疑论者，就成了左摇右摆的墙头草。

过去25年是在以惊人的速度朝着这个方向演变。在此之前的那个时期，虽然离我们并不遥远，人们的意见基本上仍然存在这一般趋势，它们的产生是由于群众接受了一些基本信仰。只根据某人是个君主制的拥护者这一事实，就可以判断出他持有某些明确的历史观和科学观；而只依据某人是个共和主义者，就能够说明他有着完全相反的观点。拥护君主制的人十分笃信人不是猴子变的，但共和主义者也十分清楚，人类的祖先就是猴子。拥护君主制的人有责任为王室说话，而共和主义者则必须捍卫他所崇敬的大革命。但凡提到一些人名，如罗伯斯庇尔和马拉，语气中必须含有宗教式的虔诚，另外还有一些人名，如凯撒、奥古斯都或拿破仑，也坚决不能在提到的时候不给予强烈的谴责。即便是在法兰西的索邦，也普遍存在着这种幼稚地理解历史的方式。

如今，在讨论和分析之下，一切意见都失去了名望；它们的特征很快退化，持续的时间之短让我们来不及对它们提起热情。现代人逐渐变得麻木不仁。

面对理念的衰落不用过于悲观。毋庸置疑，这是一个民族衰败的征兆。当然，伟大的人、远见卓识的人、使徒和民众领袖——总而言之，那些真诚的、有强烈信念的人——与一心否定、批判的人或麻木不仁的人相比较，有着更大的影响力，不过我们千万不要忽视，由于眼下群众的势力越来越大，因此，倘若有一种意见赢得了足够的声望，使自己能够得到普遍接受，那么它很快便会得到强大的统治权力，使一切事情都要完全屈服于它，言论自由的日子就一去不复返了。群众偶尔是个闲庭信步的主人，就像赫利奥加巴勒和梯比留斯那样，然而他们也是狂暴而反复无常的。当一种文明让群众占了上风时，它便几乎没有多少机会延续下去了。如果说还有什么事情能让自身毁灭来得更晚些的话，那就是极不稳定的群众意见，以及他们对一切普遍信仰麻木不仁的态度。

第三卷　不同群体的分类及其特点

第一章　群体的分类

提要

群体的一般分类：1. 异质性群体。它们的不同类型；种族的影响；群体精神敌不过种族精神；种族精神代表文明状态，群体精神代表野蛮状态。2. 同质性群体。它们的不同类型；宗派、身份团体和阶级。

我们已经在本书中对群体心理的一般特点进行了论述。现在需要说明的是，不同类型的集体在一定因素的刺激下变成群体时各自所具有的特点是什么。我们先来谈谈群体的分类。

我们从简单的人群开始。当许多人组成的人群从属于不同种族时，这便是它最初级的形态。在这样的情况下，唯一能够连结大家的纽带，是或多或少受到尊敬的头领的意志。在数百年间不断进攻罗马帝国的野蛮人，成分就很复杂，因此可以把他们作为这种人群的典型。

比不同种族的人组成的人群更高级的层次，是在某些影响下获得了共同特征，而最终形成一个种族的人群。它们偶尔表现出某些群体的特征，不过这些特征在一定程度上比种族要弱。

在本书所提到的某些影响的作用下，这两种人群可以转变为有机的或心理学意义上的群体。我们把这些有机的群体分为以下两类：

1. 异质性群体

a.无名称的群体（如街头群体）；

b.有名称的群体（如陪审团、议会等）。

2. 同质性群体

a.派别（政治派别、宗教派别等）；

b.身份团体（军人、劳工等）；

c.阶级（中产阶级、农民阶级等）。

我们将简要地说明这些不同类型群体的特征。

一、异质性群体

本书之前所研究的一直是这种群体的特征。它们是由一些特点不同、职业不同、智力水平也不同的人组成的。

我们只通过事实便知，人在作为行动的群体中的一员时，他们的集体心理与他们的个人心理存在着根本的差别，而且他们的智力也会受到这种差别的影响。我们已经知道，智力在集体中形同虚设，它完全处于无意识情绪的支配之下。

有一个基本因素是不同的异质性群体几乎从根本上不同，那就是种族的因素。

我们经常谈到种族的作用,说它是人们行动最强大的决定因素。这种作用在群体的性格中也能够找到佐证。偶然聚集在一起的个人组成的群体,如果他们全是英国人,那么他们与另一群虽然千差万别但来自同一个种族的人——如俄罗斯人、法国人或西班牙人组成的群体,会有很大不同。

当环境造就了一个群体,并且——尽管这种情况并不多见——其中有着来自不同民族但比例大体相同的个人时,他们所继承的心理成分对人的情感和思维方式造成的差异是多么巨大,无论他们的利益是多么一致,这种情况都不能避免。想要试图在大型集会中把不同国家的工人代表集合在一起,但这种努力最后总是以产生公开的分歧而告终。拉丁民族的群体,无论多么革命或多么保守,他们想要实现自己的要求,几乎都是求助于国家的干预。它总是趋向于集权,总是明里暗里倾向于赞成独断。反之,英国人或美国人的群体就不会把国家放在眼里,他们只依靠自己的主动精神。法国的群体特别强调平等,而英国的群体则特别看重自由。这些差异就解释了几乎有多少国家就存在多少种不同形式的民主和不民主。

我们因此可以得知,种族的气质对群体性格有着重大的影响。它所起的作用是决定性的,限制着群体性格的变化。因而可以认为,一条基本定律便是,种族的性格之强大,使得群体的性格相比之下显得不那么重要了。群体状态或支配群体的力量类似于野蛮状态,或者说是回归于这种状态。种族正是通过获取相对稳定的集体精神,才使自身在更大程度上摆脱了这种缺乏思考的群体力量,走出了野蛮状态。除了种族的因素之外,对异质性群体最主要的分类,就是把它们分为无名称的群体——如街头群体——和有名称的群体，如包装精致的议会和陪审团。前一种群体缺乏责任感，而后一种群体则发挥了这种责任感，这常常使得它们的行动有着很大的区别。

二、同质性群体

同质性群体包括：1. 派别；2. 身份团体；3. 阶级。

派别是组成同质性群体的第一个层级。一个派别可以包括属于截然不同的教育层次、职业和社会阶级方面的人，把他们连在一起的是共同的信仰。这方面可以以宗教和政治派别为例。而相同的身份则是最容易组织起群体的一个因素。派别中包含着职业、教育程度和社会环境大不相同的人，他们只是被共同的信仰联系在一起，但身份团体是由相同职业的人组成的，他们有着相似的修养和一致的社会地位。

阶级是由来源不同的个人组成的，与派别不同，他们结合在一起的不是出于共同的信仰；也不像身份团体那样是因为同样的职业，他们是由于某种利益、生活习惯甚至几乎相同的教育而走到一起的。这方面可以以中产阶级和农民阶级为例。

本书只讨论异质性群体，至于同质性群体（派别、身份团体和阶级）则放在另一本书中独立研究，因而在这里我就不谈论后者的特点了。在结束对异质性群体的研究时，我会对几种典型的特殊群体进行观察。

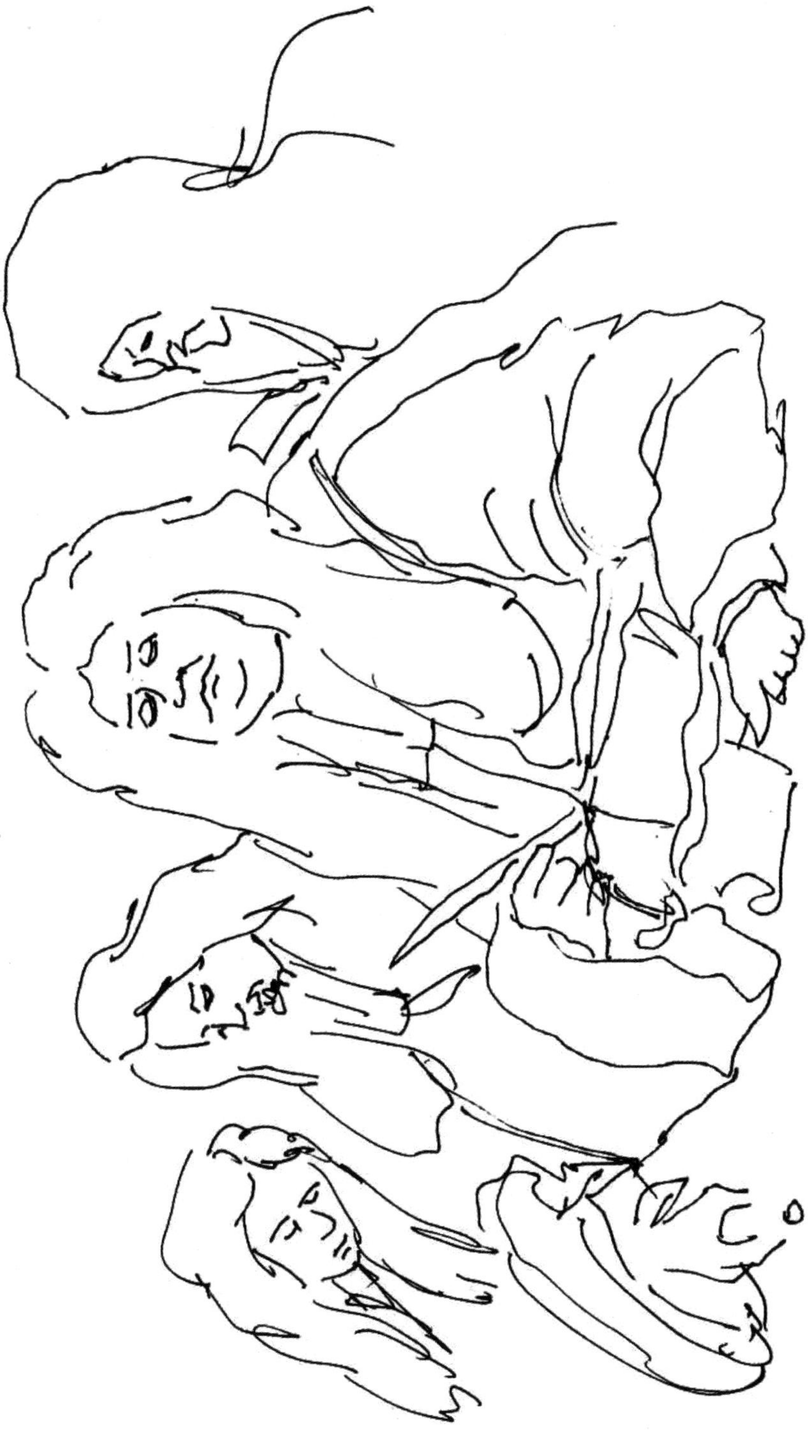

第二章　被称为犯罪群体的群体

提要

被称为犯罪群体的群体；群体犯法时在心理上也许不能称之为犯罪；群体行为绝对是无意识的；“九月惨案”参与者的心理；他们的逻辑、残忍和道德观念。

群体在过了兴奋期之后，会逐渐陷入一种纯自发的无意识状态。在这种状态下，它受着各种暗示的支配，因此似乎很难说它就是一个犯罪群体。我姑且保留这一错误的定义，因为最近一些心理学研究把它炒得很火。不错，群体的一些行为，仅就其本身而言，确实是犯罪行为，但在另一些情况下，这种行为就和一只老虎为了生存而让其幼崽把一个印度人撕烂并吃掉的行为没什么两样。

通常情况下，群体犯罪的动机往往是一种强烈的暗示，参与这种犯罪的人事后会坚信他们的行为不过是在做他们该做的事，这与平常的犯罪不能同日而语。

群体犯罪的历史揭示了事情的真相。

巴士底监狱狱长的遇害可以作为一个典型的例证。在监狱被攻破后，一群极度兴奋的人把这位监狱长团团围住，从四面八方对他拳脚相加。有人建议把他吊死，砍下他的头，挂在马尾巴上。在反抗过程中，他不小心踢到了一个在场的人，于是有人建议，让那个挨踢的人割断监狱长的喉咙，他的建议立刻得到了热烈响应。

“这个人，是一个收了工的厨子，来巴士底狱主要是因为无所事事的好奇心，他只是想来看看发生了什么。然而由于普遍的意见就是如此，于是他也相信这是一种爱国行为，甚至自以为应为杀死一个恶棍而应该得到一枚勋章。他用一把借来的小刀割那裸露出来的脖子，因为刀有些钝了，他没能割动。于是他从自己兜里掏出一把黑柄小刀(既然有厨子的手艺，他对切肉当然很在行)，成功地执行了命令。”

前边提到的过程的作用，清楚地反映在这个例子中。我们听从别人的怂恿，因为来自集体而变得更强大，杀人者认为自己是在做一件功德无量的事，既然他得到了无数同胞的认同，他这样想是很自然的。这种事从法律上可以看作是犯罪，但在心理上却并非如此。

犯罪群体的一般特征与我们从所有群体身上所看到的特征并没有什么不同：

易受怂恿、轻信、善变，把好或坏的感情加以夸大，赋予某种道德，等等。

我们会发现，在法国历史上书写了最残忍篇章的群体，即参与“九月惨案”的群体里边，统统具备这些特征。事实上，它同制造“圣巴托罗缪惨案”的群体十分相似。这里我引用了泰纳根据当时的文献所作的详细描述。

“没有人确切地知道下达杀掉犯人空出监狱的命令的是谁。或许是丹东或别的什么人吧，这并不重要。我们所关心的事实是，参与屠杀

的群众都受到了强烈的怂恿。”

这个杀人群体杀了大约300个人，而且它是个典型的异质性群体。除了少数职业流氓，主要是一些小店主以及各行各业的手艺人：鞋匠、锁匠、理发师、泥瓦匠、店员、邮差等。在别人的怂恿下，他们就像之前那个厨子一样，完全相信自己正在做的是一项爱国主义行为。他们拥入一间开着双向门的办公室，既当法官又当执行官，但是他们丝毫不认为自己是在犯罪。

他们深信自己肩负着重要的使命，动手搭建起一座审判台，与此同时，他们表现出群体的坦率和幼稚的正义感。考虑到受指控的人数目太大，他们决定把贵族、僧侣、官员和王室仆役一并处死，没有必要对他们的案件进行逐一审判——也就是说，在一个出色的爱国者看来，所有这些人，单凭职业就能够证明他是罪犯。其他人则根据他们的个人表现和声誉作出判决。群体幼稚的良知以这种方式得到了满足。现在可以合法地进行屠杀了，残忍的本能也得到了尽情地释放。我在其他地方也讨论过这种本能的来源，集体总是会将它发挥得淋漓尽致。不过正如群体有时所表现的那样，这种本能并不妨碍他们表现出一些相反的感情，他们的善心往往同他们的残忍一样极端。

“他们对巴黎的工人抱有极大的同情和深切的理解。在阿坝那，那群众中的一员在得知犯人24小时没喝上水后，简直想把狱卒打死，若不是犯人们求情，他真的那样做了。当一名囚犯被（临时法庭）宣告无罪后，连同卫兵和刽子手在内的所有人都兴高采烈地与他拥抱，疯狂地鼓掌。”然后开始了大屠杀。在这个过程中，欢快的情绪从未间断。他们围在尸体旁载歌载舞，为女士准备了长凳，用来享受观看处死贵族的乐趣。而且这种表演一直充斥着特别的正义气氛。

阿巴耶的一名刽子手当时抱怨说，为了让女士们看得更清楚，把她们安排得太靠前了，导致在场只有小部分人享受到了痛打贵族的乐趣。所以他们决定让受害者在两排刽子手中间缓缓走过，让他们用刀背砍他来延长其受苦的时间。在福斯监狱，受害人被剥得精光，在半小时里被施以“凌迟”，直到每个人都看够了以后，才最后来上一刀把他们的五脏六腑切开。

刽子手也不是全无顾忌，那种我提到过的群体中的道德意识也在他们身上表现出来了。他们拒绝将受害人的钱财和首饰据为己有，而是把这些东西都放在会议桌上。

在他们的所有行为中，都能看到那种群体头脑所特有的幼稚的推理方式。因此，在屠杀了 1200 到 1500 个全民公敌后，有人建议说，那些关押着老人、乞丐和流浪汉的监狱不过是在养着一群无用之人，不如把他们统统杀掉，这个建议立即就被大伙所采纳。他们中间当然也有人民的敌人，譬如一位名叫德拉鲁的妇女，一个下毒者的遗孀：“她肯定对坐牢这件事非常愤怒，倘若能办到的话，她会一把火烧掉巴黎。她肯定这样说过，她已经这样说过了。杀死她算了。”这种说法似乎很令人信服，囚犯被一个不剩地处死了，当中包括 50 名 12 岁到 17 岁的儿童，他们自然也变成了“人民公敌”，所以也全都被杀害了。

当一周的工作结束时，所有这些处决也终于告一段落了，刽子手想来可以休息一下了。但他们深信自己已经为祖国立下了汗马功劳，于是前往政府请求赏赐。最狂热的人甚至要求政府授予勋章。

1871 年巴黎公社的历史也提供了一些相似的事实。既然群体的实力不断增长，政府的权力在它们面前日渐萎靡，因此我们一定还会看到许多类似性质的事情。

第三章 刑事案件的陪审团

提要

陪审团的一般特点；统计数据显示，他们的判决独立于他们的人员成分；影响陪审团的方法；辩护的形式与作用；说服关键人物的技巧；令陪审团迟疑或严厉的不同罪行；陪审团制度的好处。

由于不可能在这里对所有类型的陪审团分别展开论述，所以我只评论一个最重要的，即法国刑事法庭的陪审团。该陪审团为有名称的异质性群体提供了一个极好的例证。我们会看到，它也呈现出易受暗示及缺少推理能力的特征。当它处于群众领袖的影响之下时，也主要受到无意识情绪的支配。在研究这一问题时，我们还常常能看到一些人因不懂群众心理而犯下错误的有趣事例。

首先，组成群体的不同成员在作出判断时，其智力水平并不重要，陪审团为此提供了一个很好的例子。我们已经知道，当一个善于思考的团体需要对某个非完全技术性的问题发表意见时，智力已经无关紧要了。譬如，一群科学家或艺术家，若只是因为他们组成一个团体这个事实，并不能就一般问题作出和一群泥瓦匠或杂货商差很多的判断。

在不同时期，尤其是1848年以前，法国政府规定对陪审团的组成人员要严格筛选，要从有教养的阶层中选择，即选择教授、官员、文人等。而今，大部分陪审员来自小商人、小资本家或雇员。但是让专家大为疑惑的是，不管陪审团的组成人员是谁，他们的判断总是一样的。即便是那些对陪审制度怀有敌意的地方长官，也不得不承认判决的准确性。贝拉·德·格拉热先生是刑事法庭的前庭长，他在自己的《回忆录》中引用下面一席话表达了自己的看法：

“今天，选择陪审员的权力实际掌握在市议员的手里。他们根据自己政治上以及选举的需要，将人列入名单或从名单上划掉。大多数入选陪审团的人都是生意人（但并不是像过去那样的重要人物）和某个政府部门的员工。只要法官的开庭时间表一定下来，他们的专业技能就派不上用场了。许多陪审员带着新手的热情，这些人有着最良好意愿，同时被放在了恭顺的环境中，陪审团的精神并未改变：它的判决依然如故。”

对于这段话，我们只需要记住它的结论，而不是那些没有说服力的解释。对这样的解释我们无须感到奇怪，因为法官往往和地方官员一样，对群体心理学一窍不通，所以他们也不了解陪审团。我从一个和刚才提到的这位作者有关的事件中，发现了另外一个证据。他认为，刑事法庭最著名的出庭律师之一——拉肖先生，利用自己的权力，煞费苦心地避免让聪明人出现在陪审团名单上。但是经验终会向我们证明，这样做是徒劳的，这有一个事实可以说明这一点，即今天的公诉人和出庭律师，以及所有关在巴黎监狱里的人，都已经完全放弃了他们反对陪审团的权利，因为正如德·格拉热先生所言，陪审团的判决并

未改变,“它们既没有更好,也没有更差。”

正如群体那样,陪审团也会受到感情因素的强烈影响,而极少被证据所打动。一位出庭律师说:“他们见不得有位母亲用乳房喂孩子或是一个孤儿”;德·格拉热则说:“一个妇女只要装出一副听天由命的可怜相,就足以赢得陪审团的同情。”

陪审团对于自己有可能成为受害者的罪行毫不容情,当然,这些罪行对社会也是最危险的,但是对于一些因为情感因素而违法的案件,他们却十分犹豫不决。对未婚母亲杀婴案,或者用硫酸泼诱奸或抛弃自己的男人的妇女,他们极少表现出十分严厉的态度,因为他们本能地感觉到,这种犯罪不至于影响到社会的正常运转,而且在一个被抛弃的女人得不到法律保护的国家里,她为自己报仇,是有利而无害的,因为这能够威慑那些未来的诱奸者。

陪审团与其他群体一样,也受到名望的强烈影响。德·格拉热先生十分正确地指出,陪审团的构成尽管十分民主,但他们在感情倾向上却很等级化:“头衔、身世、家产、声誉或一位著名律师的帮助,总之,一切不同寻常或能给被告增光的事情,都能让他的处境变得极为有利。”

一个好律师主要下功夫的地方,就是感染陪审团的情绪,而且就像对付一切群体一样,不需要很多论证,只采用十分幼稚的推理方式即可。一位因为擅长刑事官司而名声大噪的英国大律师,总结出以下应当遵守的行为准则:

辩护时,他要密切留意陪审团的动静。最有利的机会一直就有。律师凭借自己的眼光和经验,从陪审员的表情上领会到每句话的效果,从中得出自己的结论。第一步是要确认,哪些陪审员是已经赞成他的理由的。确定他们不需费很多工夫。然后他应当把注意力转向那些看起来还没有拿定主意的人，努力搞清楚他们为了什么敌视被告。这是他工作中十分微妙的一部分，因为指控一个人除了正义感之外，还可以有无穷尽的理由。

这几句话道出了辩护技巧的全部玄机。我们可以理解，事先准备好的演说为什么收效甚微，这是由于需要随时根据印象修改措辞。

辩护人不需要让陪审团的全部成员都接受他的观点，他只需争取那些掌控着普遍意见的核心人物即可。就如其他所有群体一样，在陪审团里也存在着少数对别人有支配作用的人。“我通过经验发现，”刚才那位律师说，“一两个有势力的人物就足以让陪人团的人跟着他们走。”需要用巧妙的暗示取得其信任的就是那两三个人。当务之急就是取悦他们。群体中那个已经成功取悦的人，是处在一种马上就要被说服的状态，这时不管向他提出什么证据，他都可能认为那十分令人信服。我从有关拉肖的报道中截取了一段反映上述观点的趣事：

众所周知，拉肖在一切庭审的演说过程中，视线都不会离开两三个他知道或者感觉到极有影响又很固执的陪审员。通常他会把这些顽固分子争取过来。不过有一次在外省，他不得不专攻一个陪审员，他花了大半个小时，采用最狡猾的论辩，此人依然不为所动。这个人是第七陪审员，第二排椅子上的第一个人。局面不容乐观。突然，在激昂的辩论过程中，拉肖停顿了片刻，向法官说：“阁下是否可以令人把前面的窗帘放下来?第七陪审员已经被阳光晒晕了。”那个陪审员脸红起来，他微笑着表达了自己的谢意。他被争取到辩方一边来了。

许多作家，其中包括一些佼佼者，最近开展了一场反对陪审制度的运动，但面对一个无法控制的团体犯下的错误，这种制度是让我们避免伤害的唯一方法。有些作者主张只从受过教育的阶层中聘请陪审员，然而我们已经证明，就算真的这样做了，陪审团的判决与现在也不会有什么不同。还有的作者以陪审团犯下的错误为依据，希望用法官取代陪审团。真是令人费解，这些一厢情愿的改革家怎么会忘了，被指责为陪审团所犯下的错误，最初是由法官犯下的，而且当被告被带到陪审团面前时，一些地方官员、督察官、公诉人和初审法庭都已经认定他们有罪了。由此可见，如果对被告作出判决的是地方官而不是陪审团，那他连唯一一个辩白的机会都没有了。陪审团的错误向来首先是地方官的错误。因此，当出现了特别严重的司法错误时，首先应当受到谴责的是地方官，譬如最近对L医生的指控就是如此。有个蠢到家的地方官依据一位半痴呆的女孩的指控，对他提出起诉。那个女孩控告医生为了30个法郎，非法为她做手术。如果不是因为惹恼了公众，使最高法院院长立即还自由给他，那他一定会身陷囹圄了。这个被指控的人获得了自己同胞的赞誉，该野蛮的冤假错案也由此昭然于世。那些地方官自己也承认这一点，但是出于身份的考虑，他们极力阻挠签署赦免令。在所有类似的事情上，陪审团在遇到自己无法理解的技术细节时，会自然地选择听从公诉人的意见，因为他们认为，那些训练有素的官员在弄清楚最复杂的事态之前，已经对事件进行了调查。那么，谁才是错误的真正制造者？是陪审团还是地方官？我们应当尽可能地维护陪审团，因为它是唯一不能由任何个人来代替的群体类型。只有它才能使法律的缺乏弹性这一特性得到缓解。法律面前人人平等的要求，使得法律从原则上来说是既不考虑也不承认特殊情况的。法官是铁面无私的，他除了法律条文不会理会任何事情，出于这种职业的严肃性，他对黑夜中杀人越货的歹徒和因贫困及受到诱奸者的抛弃而杀害婴儿的姑娘，会判处一样的刑罚。而陪审团则会出于本能，感觉到与逃脱法网的诱奸者相比，被诱奸的姑娘罪过要小得多，对她应当网开一面。

在了解了身份团体的心理，也了解了其他群体的心理以后，对于一个受到错误指控的案件，我始终无法认为，我应该不去和陪审团打交道而是去找地方官。从前者那里我还有一点讨回公道的机会，而让后者承认错误却连门都没有。群体的权力令人生畏，但有些身份团体的权力尤其令人害怕。

第四章　选民群体

提要

选民群体的一般特点；说服他们的办法；候选人应当具备的素质：名望的必要性；工人、农民为何很少选举自己的同行；词语和套语对选民的影响；竞选演说的一般特点；选民的意见是如何形成的；政治委员会的权力，它们代表着最可怕的统治；大革命时期的委员会；普选权虽有缺陷，但不能废除；为何即使限制选举权也不会改变选举结果。

选民群体，也即有权选出某人担任官职的集体，属于异质性群体，因为他们的行为仅限于某件规定十分明确的事情，即在不同的候选人中作出选择，所以他们只具有前边提过的少数特征。在群体特有的特征中，他们表现出很少具有推理能力，并且毫无批判精神，轻信、易怒、头脑简单。此外，从他们的决定中也能够找到群众领袖的影响，和我们举例说明过的那些因素——断言、重复和传染的作用。

让我们来看一下说服选民群体的办法。从最成功的办法中，能够很容易地发现他们的心理。

首先，最关键的在于，候选人应当颇有盛名。能够取代个人名望的唯有财富。至于才能甚至天赋,都不是非常重要的成功要素。

另一点至关重要的是,享有名望的候选人必须能够迫使选民不经讨论就直接接受自己。大部分选民都是工人或农民,他们极少选出自己的同行来代表自己,原因就在于这种人在他们中间没有名望。当他们偶然选出一个自己的同类时,一般也是由于一些次要原因,比如为了向某个大人物或有权势的雇主——平时选民要依靠他——发泄情绪,或是因为通过这种方式能够产生短暂的翻身做主人的幻觉。

候选人若要保证自己当选,光有名望是不够的。选民对他表现出的贪婪和虚荣特别介意。他必须用最荒唐的谎言才能赢得选民的心,要毫不犹豫地向他们抛出异想天开的承诺。

如果选民是工人,那就侮辱和中伤雇主,再狠也没关系。对于竞争对手,必须利用断言法、重复法和传染法,力图让人相信他就是个十足的混蛋,他恶名远扬世人皆知。对方只在表面证据上下功夫是没用的。如果他不了解群体心理,他会用各种论证为自己辩护,而不是把精力放在用断言来抵制断言上,这样一来,他也就没有任何取胜的希望了。

候选人的纲领落实到文字上不能写得太绝对,否则他的对手将来会利用它来对付自己。但是在口头纲领中,说得再天花乱坠都不为过。可以毫无顾忌地承诺最重要的改革。作出这些夸张能够产生巨大的效果,然而它们对未来并没有约束力,因为这需要不断地追踪调查,而选民绝不想为此事费心,他们并不想知道自己支持的候选人在实行他们所认同的竞选纲领上走了多远,即便正是这个纲领促成了他们的选择。

在上述事例中,我们可以看到前边讨论过的所有说服因素。我们

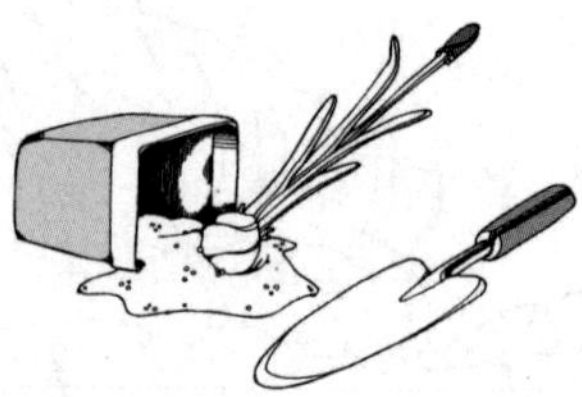

在各种口号和套话——我们已经提过这些东西神奇的控制力——所发挥的作用中还会看到它们。一个懂得如何利用这些说服手段的演说家，他用刀剑能做到的事，用这种方法也能做到。像不义之财、卑劣的剥削者、值得尊敬的劳动者、财富的社会化之类的表达方法永远都有效，即使它们已经被用烂了。此外，如果候选人满嘴新词，其含义又十分苍白，因而能够迎合极不相同的各种愿望，他同样能够大获全胜。西班牙 1873 年那场血腥的革命，就是由这种意思含糊、每个人都可以作出自我解释的奇妙说法引起的。当时的一位作者描述了这种说法的出现，现引用如下：

“激进派已经发现集权制的共和或实际上就是乔装打扮后的君主国，于是为了迁就他们，议会一致通过建立一个“联邦共和国”，虽然投票的人谁也搞不清自己投票赞成的是什么。然而这个说法却让人皆大欢喜。人们欢欣鼓舞并陶醉其中。高尚而幸福的王国就要在地球上诞生。共和主义者如果被对手拒绝授予联邦主义者的称号，会觉得自己受到了致命的侮辱。人们在街上以这样的话打招呼：“联邦共和国万岁！”之后便响起一片赞誉之声，对军队没有纪律这种怪谈以及士兵自治大唱赞歌。人们对“联邦共和国”是如何理解的呢？有人认为它指的是各省的解放，即同美国和行政分权制相类似；还有的人认为它意味着消灭一切权力，迅速着手于伟大的社会变革。巴塞罗那和安达路西亚的人民拥护公社权力至上，他们建议在西班牙设立一万个独立的自治区，根据他们自己的需要制定法律，在建立这些自治区的同时取缔警察和军队。在南部各省，叛乱很快便开始从一座城市向另一座城市、一个村庄向另一个村庄蔓延。有个发表了宣言的村庄，它所做的第一件事，就是立刻切断了电报线和铁路，为的是中断相邻各县和马德里的一切联系。处境最可怜的村庄注定只能受人掌控。联邦制使得各立门户这种事毫无顾忌，到处都在杀人放火，人们无恶不作。最血腥的狂欢充满了这片土地。”

至于理性可能对选民头脑产生的影响，想要对这个问题完全没有疑惑，建议千万不要读那些有关选民集会的报道。在这种集会上，言之凿凿、痛骂对手，有时甚至是大展拳脚的声音此起彼伏，但是绝对听不到论证。即使出现了片刻的安静，也是由于在场的有个出了名的“刺头”，宣称自己要用一些让听众开心的麻烦问题难倒候选人。然而反对派的满足是短暂的，因为提问者的声音很快就会被对手的叫喊声压倒。从报纸的上千个类似事例中选出来的有关公众集会的报道如下，可以作为这方面的典型事例：

“会议的组织之一请大会选出一名主席，顿时全场骚乱了。无政府主义者跳上讲台，粗暴地占领会议桌。人们极力反抗，相互扭打在一起，每一派都指责对方是拿了政府好处的奸细……一个公民的眼睛被打青狼狈离场。

“在一片喧闹声中，会议只好延时。

“该轮到X同志发言了。这位演讲人开始激烈抨击，后者则用‘白痴、无赖、流氓！’等叫骂声打断他。昨晚，为了五·一节工人庆祝会预演，阿勒曼派在福伯格宫大街的商会大厅组织了一次大会。会议的口号是：‘沉着冷静！’所有出言不逊都会引起相互攻击，演讲者和听众甚至大打出手。桌椅板凳都变成了武器，如此这般。”

千万不要以为，这种情况只发生在固执的选民团体中，并且是他们的社会地位决定的。无论是在怎样无名的聚会中，即便参与者都是受过高等教育的人，会上的争论也没什么两样。我之前提过，当人们聚集成一个群体时，一种降低他们智力水平的机制就会起作用，在任何场合都能找到这方面的证明。譬如，下面是我从 1895 年 2 月 13 日的《时报》上摘录的有关一次集会的报道：

“那天晚上，时间一分一秒地过去，喧嚣声有增无减。我不相信有哪个演讲者能连续说两句话而不被打断。每时每刻都有人从各个角落大喊大叫，要不然就是喊声连成片。掌声中夹杂着嘘声，听众中的个别成员也在不断地激烈争吵。一些人可怕地挥舞着木棒，另一些人则不停击打地板。打断演说的人引来一片呼喊：‘把他轰下去！’或‘让他说！’

“C 先生嘴里全都是‘白痴’、‘懦夫’、‘恶棍’、‘卑鄙无耻’、‘唯利是图’、‘打击报复’这类的用词，他宣称要把这些东西统统消灭。”

等等，等等。

人们也许会问，处在这种环境中的选民如何形成一致的意见呢？提出这样的问题，就太高估集体享有自由的程度了。群体持有别人赋予他们的想法，但他们绝不能夸口说自己持有合乎理性的意见。在此处所讨论的问题上，选民的意见和选票是掌握在选举委员会手里的，而它的领头人物往往是些政客，他们向工人承诺利益，因此在这些人中间很有威望。谢乐先生是今天最勇敢的民主斗士之一，他说：“你知道什么是选举委员会吗？它是我们各种制度的基石，是政治机器的一个杰作。如今的法国就是长期处于选举委员会的统治之下。”

只要候选人能够为群体所接受，并拥有一定的财源，对群体产生影响并非难事。捐款人坦言，300万法郎就足以保证布朗热将军重新当选。

选民群体的心理学就是如此。它和其他群体一样：既不会更好也不会更糟。

因此，我从上述言论并没有得出应当反对普选的结论。我明白了它的命运，因此出于一些现实的原因，我宁愿保留这个制度。事实上，我们是通过对群体心理的调查总结出这些原因的，基于这些考虑，我要对它们作进一步的阐述。

毋庸置疑，普选的问题十分突出，很难令人们忽视。不可否认，文明是少数智力超常的人的产物，他们构成了金字塔的顶点。随着这个金字塔各个层次的加宽，智力相应地减少，他们就是一个民族中的群众。一种文明的伟大，如果仅仅依靠以人多势众而自豪的低等成员的选票，是不足以让人放心的。另一件不用怀疑的事情是，群众投的选票通常十分危险。它们已经让我们付出了若干次遭受侵略的代价，我们眼看着群体就要旗开得胜，异想天开的人民主权论八成会让我们付出更为惨重的代价。

然而，这些不同意见虽然从理论上说很令人信服，但在实践中却毫无力量。只要还记得观念变成教条后有着不可战胜的力量，就会承认这一点。从哲学上看，群体权力之上的教条就像中世纪的宗教教条一样经不起推敲，但是如今它却拥有和昔日教条一样强大的绝对权威，因而它就像过去的宗教观念一样无法战胜。不妨试想下，如果有个现代自由思想家被送回中世纪，难道你会认为，当他发现当时盛行的

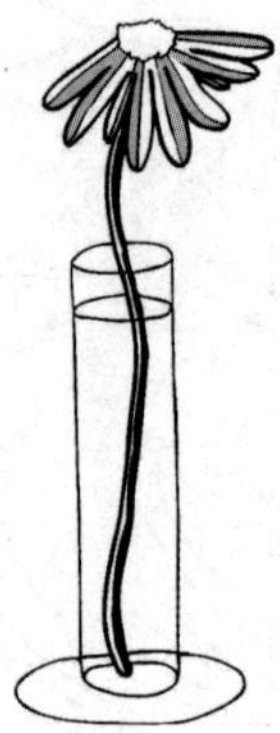

宗教观念拥有至高无上的权力后,会对它进行攻击吗?一旦落入一个能够把他送上焚烧场的法官之手,指控他与魔鬼有约或参与了女巫的宴席,他还会对存在着魔鬼或女巫提出质疑吗?用讨论的方式对抗飓风,这比群众的信念聪明不到哪去。如今普选的教条就有着过去宗教所具有的威力。演说家和作家在提到它时呈现出的恭敬与媚态,即便是路易十四也无福消受。因此对于它必须采取同对待宗教教条一样的立场,只有时间可以对其造成影响。

此外,破坏这种教条的努力更是徒劳,因为它有着对自己有利的外表。维克托尔正确地指出:“在平等的时代,人们并不相信关于他们彼此之间完全一样的说法, 但是这种比喻却是他们几乎毫不犹豫地信赖公众的判断力,其原因就在于,所有人都同样开明似乎是不太可能,真理并不一定站在多数人那边。”

倘若必要的话,把选举权仅限于聪明人之间,这样做就会改进群众投票的结果吗?我永远也不会承认会出现这种情况,因为基于我已经说过的理由,即一切集体,无论组成人员如何,全都患有智力低下症。在群体中,人们总是趋向于变得智力平平,在一般性问题上,40 名院士的投票不会比 40 个卖水的做的投票更高明。我无法相信,如果只让有教养和受过教育的人成为选民,受到谴责的普选投票结果就会非常不同。一个人不会因为通晓希腊语或数学,因为是个建筑师、兽医、医生或是大律师,便掌握了特殊的智力或解决社会问题的能力。我们的政治经济学家全都受过高等教育,他们大部分是教授或学者,然而他们曾就哪个普遍性问题——贸易保护、双本位制等——达成过一致意见?原因就在于此,他们的学问只不过是我们的普遍无知的一种十分弱化了的形式。在社会问题上，因为未知的因素太多，从本质上说他们的力量和无知大众没什么两样。

因此，全部由各种有学问的人组成的选民，他们的投票结果不会比现在好很多。他们依然主要受自己的情感以及党派精神的支配。对于那些当务之急的难题，我们还是一个也解决不了，而且我们必然会受到身份团体暴政的压迫。

群众的选举权无论是受到限制还是普遍享有，无论是在共和制之下还是君主制之下行使这种权利，无论是在法国、比利时、德国、葡萄牙或西班牙，都没有任何的差别；总而言之，它所表达的仅仅只是一个种族无意识的向往和需求。在每个国家，当选者的一般意见都反映着种族的本质，而我们看到，这种本质从一代人到下一代人，都不会有明显的变化。由此可见，我们一再遇到种族这个基本概念。我们与它频繁相遇，因而会产生这样一种认识，即各种制度以及政府对一个民族的生活能产生的影响其实很小。民族主要是受其种族的本质支配，也就是说，是受着某些品质的遗传残留的支配，而所谓本质，正是这些品质的总和。种族和我们日常需求的枷锁，是决定着我们命运的神秘要素。

第五章　议会

提要

议会中的群体表现出异质性群体的大部分特征；他们的意见的简单化；易受暗示，但有局限性；他们难以改变的意见和易变的意见；议而不决的原因；领袖的作用；他们是议会的真正主人；演讲术的要点；没有名望者的演说劳而无功；议会成员的感情夸张；国民公会的实例；议会失去群体特征的情况；专家在技术性问题上的作用；议会制度的优点和危险；适应现代要求，但会造成财政浪费和对自由的限制；结论。

我们发现议会是一个有名称的异质性群体的范例。尽管议会成员的选举方式不是一成不变，各国之间也不尽相同，但它们的特征都十分相似。在这种场合，人们会感到种族影响减弱或强化了群体的共同特征，但这并不会妨碍它们的表现。千差万别的国家，如希腊、意大利、葡萄牙、西班牙、法国和美国，它们的议会在辩论和投票上表现出很大的相似性，是各自的政府面临着一样的困境。

可是议会制度却是一切现代的文明民族的理想。这种制度反映着某种观念，即在某个问题上，一大群人比一小批人作出的决定更加明智而独立。这种观念尽管从心理学上说是错误的，却得到普遍的赞同。

在议会中也能看到群体的一般特征：头脑简单、多变、易受暗示、夸大感情以及少数领袖的主导作用。然而，正是由于其特殊的构成，使得它有一些独特的表现，现在我们就来简要说明一下。

意见的简单化是他们最重要的特征之一。在所有党派中，尤其是在拉丁民族的党派中，几乎都存在着一种趋向，那就是根据普遍使用的最简单的抽象原则和规律来解决最复杂的社会问题。当然，不同党派有不同的原则，但是仅仅因为个人是群体的一部分这个事实，他们便总是倾向于夸大自己原则的价值，非要把它贯彻到底不可。这样的结果便是，议会成了各种极端意见的集中代表。

议会有着极为简单和质朴的意见，法国大革命时期的雅各宾派就是一个很好的典型。他们用教条和逻辑对付人们，满脑子都是各种语焉不详的普遍观念，忙于贯彻各种刻板的原则，而不在乎事实如何。在谈到他们时，人们不无理由地觉得，他们经历了一场革命，却并没有看到这场革命。在一些引导着他们的十分简单的教条的帮助下，他们以为自己能将这个社会从头到脚地改造一番，结果却让一个已经非常精致的文明倒退到了社会进化更早期的阶段。他们为实现自己的梦想而采取的方法，与极端朴拙的人有着类似的特点。事实上，他们不过是把阻碍他们的一切统统毁掉。无论他们是吉伦特派、山岳派，还是热月派，都受着同样的精神激励。

议会中的群体容易受到暗示的影响，并且同所有群体一样，暗示的来源都是享有盛誉的领袖。然而议会群体这种易受暗示的特点，又有着很明确的界限，提出这一点至关重要。

在一切有关地方或地区的问题上，议会中的每个成员都抱定一个牢固的意见不会更改，任何论证都无法动摇他们。譬如在贸易保护或酿酒业特权这类与有实力的选民扯上关系的问题上，即便有狄摩西尼的天赋，也无法改变一位众议员的投票。这些选民在投票期到来之前就发出暗示的信号，足以压倒一切来自其他方面的要求取消的建议，维护了意见的绝对稳定。

然而一涉及到一般性问题——推翻一届内阁、开征一种新税等——就不再有任何固定意见了，领袖的建议能发挥影响，尽管与普通群体中的作用方式有所不同。每个政党都有自己的领袖，他们的势力有时难分伯仲。结果是，一个众议员有时发现自己被夹在两种对立的意见之间，所以难免犹豫不决。这就解释了为什么经常会看到他们在一刻钟之内就会作出相反的决定，或者为一项法案添加一个导致其失效的条款，例如通过一个法案剥夺雇主选择权以及解雇工人的权利，然后又来上一个几乎废除这一措施的修正案。

由于同样的原因，每届议会也都会有一些十分稳定的意见和一些非常易变的意见。大体上说，一般性问题数量较多，因此在议会中议而不决的现象屡见不鲜。之所以议而不决，是因为对选民的担心永远存在，他们的建议总是姗姗来迟，这有可能制约领袖的影响力。

然而，在无数的辩论中，议员们对涉及的问题没有足够的先见之明时，起主导作用的依然是那些领袖。

这些领袖的必要性是显而易见的，因为他们以团体首领的身份存在于每个国家的议会之中。他们才是议会的真正统治者。组成群体的人倘若缺少了头领就一无是处，因而也就是说，议会中的表决往往只代表及少数人的意见。

领袖的影响力只在极少程度上是由于他们提出的论据，而在很大程度上出自他们的名望。对这一点最好的证明便是，一旦他们因为某种原因而威信扫地，他们的影响力也会随之消失。

这些政治领袖的名望只属于他们个人，与头衔或名誉无关。对于这个事实，西蒙先生在评论1848年国民议会——他也是其中一员——的大人物时，为我们提供了一些相当具体的例子：

“路易·拿破仑两个月前还无所不能，现在却完全无足轻重了。

“维克多·雨果走上讲台。他无功而返。人们听他说话，就像听皮阿说话一样，但是他并没有博得多少掌声。‘我不喜欢他那些想法’，谈到皮阿，沃拉贝勒对我说，‘不过他是法国最伟大的作家之一，也是最伟大的演说家。’基内尽管聪明过人，智商超群，却一点也不受人尊敬。在召开会议之前，他还有些名气，但在议会里他却默默无闻。

“能够对才华横溢之人视而不见的地方，首推政治集会。它所关注的只是那些和适宜的、对党派有利的雄辩家，而并不在乎他是否对国家有利。想要像1848年的马拉丁以及1871年的梯也尔那样得到崇敬，需要有紧迫而可靠的利益刺激才行。一旦危险消除，议会立刻就会忘记它的感激和受过的惊吓。”

我引用上边这些话，是因为这其中包含着一些事实，而不是因为它所提供的解释有什么价值，这里边没什么心理学知识。群体一旦效忠于领袖，无论这领袖是政党的还是国家的，它便立即失去了自己的个性。群体服从领袖是因为他的名望的影响，并且这种服从不受利益或感激之情的控制。

因而，享有足够名望的领袖几乎掌握着绝对权力。有一个人尽皆知的事情，一位因为名望而掌握了巨大权力的著名众议员，在上次大选中，因为某些金融问题而被打败了。此人只消做个手势，就能使内阁倒台。有个作家引用下面一席话说明了他的影响程度：

“这位X先生，让我们付出了平常三倍的代价，主要因为它，我们在马达加斯加的地位常常朝不保夕，我们在南尼日尔被骗走了一个帝国，我们失去了在埃及的优势。X先生的谬论让我们失掉了领土，比起拿破仑一世带来的灾难有过之而无不及。

“对于这种领袖，我们无须过分苛责。不错，他让我们损失惨重，然而他的大部分影响力都应归结于他顺应了民意，而现今这种民意在殖民地事务上，还远没有超越过去的水平。领袖很少超前于民意，他所做的一切几乎总是在顺应民意，因而也会助长民意中的一切错误。”

我这里所探讨的领袖说服群众的手段，除了他们的名望之外，还包括一些我们之前多次提过的因素。领袖若想巧妙地利用这些手法，就必须做到对群体心理了如指掌，至少也要无意识地做到这一点；他还必须知道怎样同他们说话。他尤其应当了解各种词语、套话以及形象的神奇力量。他应当拥有与众不同的辩才，包括言之凿凿——用不着费力去证明——以及生动的形象，并随之以十分笼统的论证。这种辩才在所有集会上都可以看到，英国议会也不例外，尽管它是所有议会中最严肃的一个。英国哲学家梅因说：

“在下院的争吵中不断可以看到，整个辩论不过是些没有力度的大话和气头上的人的争锋。这种一般公式会对纯粹民主的想象产生巨大影响。让一群人接受用惊人之语表达出来的笼统的断言，从来就不是难事，即使它从没有被证实过，大概也不可能得到证实。”

上边引文中提到的“惊人之语”的重要性无论怎么强调都不为过。我们多次谈到词语和套话的特殊力量。在选择用词的时候，必须已能够唤起生动的形象为标准。下面这段话摘自一位议会领袖的演说，他为我们提供了一个极佳的实例：

“这艘船即将驶向的那片热病肆虐的土地，坐落着我们的监狱，它把名声可疑的政客和目无政府的杀人犯关在一起。这对难兄难弟可以交谈亲密，把彼此视为一种社会状态中互帮互助的两拨势力。”

这种说法所唤起的形象极为鲜明，演说者的所有对手都会觉得自己受到了威胁。他们脑海里浮现出两幅画面：一片热病肆虐的土地，还有一艘可以把他们送走的船。他们不是也有可能被放在那些定义模糊的可怕政客中间吗？他们体验到的恐惧，就像当年罗伯斯庇尔用断头台发出威胁的演说给国民公会的人带来的感觉一样。在这种恐惧感的影响下，他们势必会想他投降。

没完没了地大放厥词，对领袖永远是最有好处的。我刚才引用过的那位演说家能够断言——并且不会遭到强烈的反对——金融家和僧侣是在资助扔炸弹的人，因此大金融公司的总裁应该受到同无政府主义者一样的惩罚。这种断言在人群中永远会起作用。断言怎么激励、声明怎么可怕都不为过。要想把听众震住，没有什么比这种辩术更行之有效了。在场的人会担心，如果他们表示抗议，他们会被当做叛徒或者叛徒的同伙被打倒。

诚如我所言，这种特殊的辩论技巧在所有集会中都非常有效。它的作用在危难时刻尤其明显。从这个角度看，法国大革命时期各种集会上的那些大演说家的讲话，读起来都妙趣横生。他们无时无刻不认为自己必须先谴责罪恶弘扬美德，再对暴君破口大骂，发誓得不到自由毋宁死。在场的人站起来热烈鼓掌，等到冷静下来再坐回到自己的位子上。

偶尔也会有领袖天资聪颖且受过高等教育，但这样的品质往往对他不但无益反而有害。倘若他对于事情的复杂，同意作出解释，努力使群众理解，他的修养会让他表现得宽容，这样会相当程度低削减了追随者们必须具备的信念的强度与粗暴。在所有时代，尤其是在大革命时期，伟大的民众领袖都心胸狭窄得惊人；但影响力最大的，肯定也是那些心胸最狭隘的人。

所有演说中最有名的莫过于罗伯斯庇尔的演说，那其中经常包含着令人诧异的矛盾，致使看这些演说让人很难理解，这个大权在握的独断者的巨大影响从何而来：

教学法式的常识和废话，糊弄小孩的稀松平常的拉丁文化，攻击和辩护所采用的观点不过是些小学生的歪理。思想空洞，措辞乏味，也没有切中要害的讽刺。只有令我们厌烦的疯狂断言。在经历过一次这种毫无乐趣的阅读之后，人们不免会与和蔼的德穆兰一起长叹一声："唉！"

想到那么狭隘的头脑里有着的强烈信念可以带给一个有名望的人怎样的权力，有时真是让人不寒而栗。一个人想要对各种障碍视而不见，显示出极强的意志力，就必须满足这些最基本的条件。群体本能地在精力旺盛信仰坚定的人群中寻找自己的主人，他们永远需要这种人物。

在议会里，一个演说成功与否，根本不是取决于演说者提出的论证，而是几乎完全凭借他所具有的名望。这方面最好的例子是，如果一个演说者因为某种原因失去了名望，他也就同时失去了一切影响，即他依据自己的意志影响表决的能力。

当一个没有名气的演说者拿着一篇论证充分的讲稿出场时，如果他有的只是论证，那最多也只能让人听听而已。一位有心理学修为的众议员，德索布先生，最近用一下这段话描述了一个缺乏名望的众议员：

“他走上讲台后，从公文包里拿出一份演讲稿，煞有介事地摆在面前，十分自信地开始发言。

“他曾自我吹嘘道，使他本人振奋的事情，他能让群众也有同感。他一而再再而三地强调自己的论证，对那些数字和证据信心十足。他坚信自己能够说服听众。面对他所引用的证据，任何反对都是徒劳。他一厢情愿地开讲，相信自己同事的眼力，认为他们毫无疑问只会赞同真理。

“他一开口便惊讶地发现大厅里并不安静，人们发出的噪音让他有那么一些恼怒。

“为什么不能保持肃静呢?为什么这么无视他的发言呢?那些正在讲话的众议员，他们脑子里在想什么?有什么要紧的事情让这个或那个众议员离开了自己的位子?

“一丝不安从他脸上掠过。他皱着眉头停了下来。在议长的鼓励下，他又提高嗓门开始发言，他加重语气，作出各种手势。周围的噪声越来越大，他连自己的声音都听不见了。于是他又停了下来。最后，因

为担心自己的沉默会遭致更可怕的叫喊，他说道：‘闭嘴！’然后又开始说起来。喧闹声变得难以忍受。”

当议会处于极度兴奋的状态中时，它会变得和普通异质性群体相差无几，感情上呈现出爱走极端的特点。可以看到它要么作出最伟大的英雄主义行动，要么犯下最恶劣的过错。每个人不再是他自己，他会完全失去自我，把赞成票投给最不符合他个人利益的措施。

法国大革命的历史证明了议会能够多么严重地失去自我意志，被那些与它自身利益截然相反的建议牵着鼻子走。放弃特权对贵族来说是个巨大的牺牲，但是在国民公会期间那个著名的夜晚，他们毫不迟疑地这么做了。议会成员放弃自己不可侵犯的权利，就是使自己永远处于死亡的威胁之下，而他们却迈出了这一步；他们并不害怕在自己的阶层滥杀无辜，尽管他们很清楚，今天把自己的同伙送上断头台，明天同样的命运或许就会降临在自己头上。事实上，他们已经进入了我曾描述过的一个完全无意识的状态，任何想法都无法阻止他们赞成那些冲昏了他们头脑的建议。下面的话来自他们中间的一员——比劳·凡尔纳——的回忆录，这段话极其经典地记录了这一情况：“一直被我们极力谴责的决定，”他说，“两天前甚至一天前我们还不愿作出的决定，居然就通过了；造成这种情况的除了危机，再无其他原因。”再也没有比这更正确的说法了。在所有情绪激昂的议会上，都能看到这种无意识现象的发生。泰纳说：“他们下令批准执行一些他们自已引以为傲的措施，这些措施不只是愚蠢，简直就是犯罪——滥杀无辜，杀害自己的朋友。在右派的支持下，左派全体一致，在热烈的掌声中把丹东——他们的头儿、这场革命伟大的发动者和领袖送上了断头台。在左派的支持下，右派全体一致，在最响亮的掌声中表决通过了革命政府最恶劣的法令。议会全体一致，在一篇群情激昂的赞美中，在对德不瓦、库车和罗伯斯庇尔等人的热烈赞扬中，不由自主地一次又一次改选，把杀人如麻的政府留在台上。平民派憎恨它，因为它杀人成性；山岳派憎恨他，因为它草菅人命。平民派和山岳派，多数派和少数派，最后都搞得愿意为他们的自相残杀出力了。牧月 22 日，整个议会把自己交给了刽子手；热月 8 日，在罗伯斯庇尔发言后的一刻钟内，同样的事情在这个议会又重演了一次。”

这幅画面所描述的场面尽管天昏地暗，却十分准确。议会若是兴奋和大脑发热到一定程度，就会表现出类似的特点。它会成为极不稳定的流质，受到一切刺激的控制。下面这段有关 1848 年议会的描述，来自思布勒尔先生——一位怀着坚定的民主信仰的议员。我把《文学报》上这段非常有代表性的文字转印如下。它为我曾提到的群体情感的夸张以及极端多变性——这使它不知疲倦地从一种情感转向另一种完全相反的情感——提供了一个例子。

“共和派由于它自己的分裂、嫉妒和猜疑，也因为它的盲信和无节制的愿望而堕入了万劫不复的深渊。它的质朴和天真与它的普遍怀疑不相上下。伴随着它的毫无法律意识、不知纪律为何物，是它的放肆的恐怖和幻想。在这些方面他们还不如乡下人和孩子。他们的冷酷和缺乏耐心同样严重，他们的残暴与顺从不相上下。这种状态是性格不成熟以及缺乏教养的自然结果。这种人对什么事都不会吃惊，但碰到任何事都会自乱阵脚。出于恐惧或者大无畏的英雄气概，他们既能赴汤蹈火，也能胆小如鼠。

“他们不顾原因和结果，不在乎事物之间的联系。他们一会儿垂头丧气，一会儿又斗志满满，他们很容易受到惊慌情绪的影响，不是过于紧张就是过于沮丧，从来不会正好处于环境所要求的心境或状态中。他们比流水还易变，头脑混乱，行为无常。能指望他们为政府奠定什么样的基础呢?”

幸运的是，上述这些在议会中看到的特点，并非都会出现。议会只是在某些时刻才会成为一个群体。大多数情况下，组成议会的个人仍保持着自己的个性，这就解释了议会为什么能制定出非常出色的法律。其实，这些法律都是专家的作品，他们是在自己安静的书房里拟订草案的，所以，通过表决的法律，其实是个人而非集体的产物。这些法律自然是最好的。只有当一系列修正案把它们变成集体的产物时，它们才有可能会产生灾难性后果。群体的作品无论是何性质，其质量总是比个人的作品差很多的。如此说来，专家是群体暂时的领袖。议会影响不到他，他却可以影响议会。

尽管议会的运作面临着种种困难，它仍然是人类迄今为止能找到的最好的统治方式，尤其是人类已经找到的摆脱个人专断的最佳方式。无论是对于哲学家、思想家、作家、艺术家还是有教养的人，一言以蔽之，对于一切构成文明的主流的人，议会无疑是最理想的统治方式。

第一个危险是各种紧迫问题和当选群体缺乏远见的必然产物。如果有一位议员提出了一项显然符合民主理念的政策，比方说，他在议案中建议保证所有工人拿到养老津贴，或建议给所有层级的国家雇员涨工资，其他众议员因为害怕自己的选民，就会成为这一提议的俘虏，他们似乎不敢无视后者的利益而反对这种提议中的政策。尽管他们心知肚明，这样做会增加预算的负担，必然造成新税种的设立。他们不可能在投票时表现出迟疑。增加开支的后果在很久以后才会出现，不会给他们的眼前利益带来不利影响，但若是投了反对票，那么当他们为竞选连任而露面时，其后果就会摆在他们眼前。

除了这第一个原因即扩大开支以外，另一个原因同样具有强制性，即必须对一切为地方目的的补助金投赞成票。一名众议员无法反对这种补助，因为它们同样反映着选民的迫切需要，也因为每个众议员只有同意自己同僚的同等要求，才有可能为自己的选民争取到这种补助金。

上面提到的第二个危险——议会无法避免的对自由的限制——看起来不那么明显，然而却十分真实。这是大量法律——它们总是一种限制性措施——的结果，议会认为自己有通过表决的义务，但因为其目光短浅，它在很大程度上对结果茫然无知。

这种危险当然是无法避免的，因为即使在英国这个有着最通行的议会体制、议会相对于选民有着最大独立性的国家，也没能逃脱这种危险。赫伯斯·斯宾塞在很早的一本著作中曾提出，表面自由的增加必然伴随着真正自由的减少。他在最近的《人与国家》一书中又谈到了这个问题。在讨论英国议会时，他表达了这样的观点：

“自从这个时期以来，立法机构一直遵循着我所指明的路线。迅速膨胀的独断政策不断倾向于限制个人自由，这一点表现在两个方面。每年都有大量的法律被指定出来，对过去公民完全自由的行为进行限制，强迫他做一些过去他可做可不做的事。同时，日益沉重的公共负担，尤其是地方公共负担，通过减少公民可以自由支配的受益份额，增加公共权力取之于民并根据自己的意愿花销的份额，进一步限制了他的自由。”

这种对个人自由越来越多的限制，在任何国家都存在斯宾塞没有明确指出的各种具体表现形式。正是这些大量的立法措施——基本上都是限制性法令——的通过，必然会大大增加负责实施它们的公务员的数量、权力以及影响。由此下去，这些公务员在很大程度上有可能成为文明国家真正的主人。他们手中的权力更大，因为在政府的更替过程中，只有他们不会受到这种变化的波动，只有他们不承担责任，不需要个性，永久地存在。实行压迫性的统治，莫过于具备这三种特点的人。

不断制定一些限制性法规，用最繁琐的条条框框把最琐碎的生活行为团团围住，免不了会把公民的自由活动空间限制在逐渐缩小的范围之内。各国被一种谬见所蒙蔽，认为保障自由与平等地方法就是制定更多法律，因此它们每天都在批准进行一些越发无法忍受的束缚。它们已经习惯了给人带上枷锁，马上就要达到需要奴才的地步了，一切自发精神与活力都消失了。那时他们不过是些虚构的人物，消极、顺从、有气无力的行尸走肉。

若是到了这个地步，人们注定要到外界去寻找那种他自己身上已经找不到的力量。各政府部门的数量必然同公民的麻木无望同步增长。因而它们必须表现出个人所没有的主动性、首创性和领导精神。这强迫他们要承担一切、领导一切，把一切都归于自己的保护之下。于是乎，国家变成万能的。而经验告诉我们，这些既难以长久，也不够强大。

在某些民族中，所有人的自由都被更多地限制，虽然表面的许可使他们产生了一种错觉，以为自己还拥有这些自由。造成这种情况的原因跟他们的衰微有关，其关联性不比任何具体制度起的作用小。这是迄今为止任何文明都不能逃脱的走向衰落的前兆之一。

根据历史的教训和各方面都令人胆寒的先兆来看，我们的一些现代文明已经到了强弩之末。似乎所有民族都不可幸免地要经历同样的历史阶段，因为看上去历史是在不断重复它的进程。

关于文明进化的这些共同阶段，可以作个简单的说明，我将对它们概括之，以此作为本书的结尾。这种速记式的说明，也许能够对理解目前群众所掌握的权力的原因起到一定的启示作用。

如果我们追寻着主要线索，对我们以前的那些文明的伟大和衰落的原因作一个评价，会发现什么呢?

在文明诞生伊始，一群来自不同地方的人，由于移民、入侵或占领等原因聚集在一起。他们有着不同的血统、语言和信仰。让这些人连接成整体的唯一共同纽带，是尚未完全得到某个头领承认的法律。这些混乱的人群有着引人瞩目的群体特征。他们有着短暂的团结，既表现出英雄主义，也有各种缺点，容易冲动且个性狂躁。没有什么能够把他们牢固地联系在一起。他们是野蛮人。

漫长的岁月成就了自己的作品。相同的环境、种族间不断通婚以及共同生活的必要性使得不同的小群体逐渐融合成一个整体，形成了一个种族，即一个有着共同特征和情感的群体。这个整体随着遗传的作用而日益稳固。这群人变成了一个民族，这个民族有了摆脱野蛮状态的能力。但是，只有在经过了长期的努力、不时的战争和无数的反复，从而使它获得某种理想之后，它才可以完全形成一个民族。这个理想的性质并不重要，无论是对罗马的崇拜、雅典的强盛的成功，都足以让一个种族中的每个成员在感情和思想上形成完全的统一。

在这个阶段，集各种制度、信念和艺术为一体的新文明诞生了。这个种族在追求自己理想的过程中，会逐渐养成某些它建立丰功伟业所不可或缺的素质。毋庸置疑，有时候它依然只是乌合之众，但是在它变幻莫测的特征背后，会形成一个稳定的基础，这就是一个种族的本质，它决定着一个民族小范围的变化，限制着机遇发挥作用的空间。

时间在完成了它的创造后，就开始了破坏的过程，无论神仙还是凡人，都无法逃出它的魔掌。一个文明在达到一定强盛和复杂程度之后，便会停滞不前，而一旦停滞不前，它便注定步入了衰败的过程。这时的它已经英雄迟暮了。

这个无法避免的时刻的到来，总是以作为种族支柱的理想的衰落为特征。与此同时，在这种理想的激励下建立起的宗教也越发老迈。政治和社会结构开始发生动摇。

随着种族的理想不断走向灭亡，使它团结强盛的品质也在逐渐消失。个人的个性和智力可以增长，但是这个种族的集体自我意识却会逐渐被个人自我意识的过度发展所取代，同时伴随着性格的弱化以及行动能力的减弱。本来是一个民族、一个联合体、一个整体，最后却变成了一群缺乏凝聚力的个人，在这段时间里，他们仅仅因为传统和制度被人为地聚集在一起。正是在这个阶段，人们被个人利益和欲望搞得四分五裂，已经失去了治理自己的能力，因此在最微不足道的事情上也需要领导，于是国家开始发挥万众瞩目的影响。

随着古老的理想的丧失，这个种族的才华也完全枯竭了。它成了一群孤立的个人，回到了自己最初的状态——一群乌合之众。它既缺乏统一性也看不见未来在何方，有的只是乌合之众那些一时的特征。它的文明已经失去了稳定性，只能随波逐流。民众就是至高权力，到处充满了野蛮之风。文明或许华丽依旧，因为悠久的历史赋予它的外表仍然存在，但其实它已经成了一个摇摇欲坠的高楼，没有任何支撑，等到下一次风暴来临，它便会顷刻倒塌。

在追求理想的过程中，从野蛮走向文明，之后，当这个理想的优势不再时，便开始了衰败和灭亡，这就是一个民族生命的循环过程。

附录 1

关于作者勒庞

古斯塔夫·勒庞(Gustave Le Bon 1841.5.7—1931.12.13),法国社会心理学家、社会学家,群体心理学的创始人,有“群体社会的马基雅维利”之称。他出生于法国诺晋特-勒-卢特鲁(Nogent-le-Rotrou),逝于法国马恩-拉-科盖特(Marnes-la-Coquette)。

勒庞曾在巴黎学习医学,1866 年获得医学博士学位之后,他游历了欧洲、北非和亚洲,写了许多关于人类学和考古学的著作。1870 年起,他开始在巴黎行医。1884 年他开始研究群体心理学,发表了强调民族特点与种族优越性的社会心理学理论。他的研究涉及三个领域:人类学、自然科学和社会心理学。最初他的研究是为各人种的身体特征创制测量方法。后来他发展了人种分类等级学说。晚年,他的兴趣转向了社会心理学。依照他的意思,一群人如果被认为属于一个种族或亚种族,那么他们一定将具有同样的感情和思维方式。他确定的标准包括推理能力的水平、注意力和对本能需求的控制。例如,把盎格鲁-萨克逊人的智力特征与拉丁人相比后, 他发现盎格鲁-撒克逊人各方面都更加优越。他还发展了另一种分类等级。

勒庞以对群体心理特征的研究著称。他认为,“民族的精神”或“种族的灵魂”是整个社会生活的基础。一个民族、种族或一种文明都具有自己的民族精神,即共同的感情、利益和思维方式。国家精神是从人们心中无形的民族精神中通过非理性途径产生的，并支配了一切社会制度和形式。历史就是民族或种族性格的产物。民族或种族性格是社会进步的主要力量。他认为群众的聚合是欧洲社会越来越显著的特征。个体的意识淹没在群体心里之中,群体心理诱发出情绪,意识形态通过情绪感染得到传播。一旦被广泛传播,意识形态就渗透到群众中每个人的心里,使个体丧失批判能力,从而影响他们的行为;群众的行为是一致的、情绪化的和非理性的。勒庞认为,他的这种观点在现代群众和群众组织中可以得到证实。

一、心理群体——群氓或乌合之众的形成

一群人聚集在一起并不一定就会成为乌合之众，比如传统节日的集会、商品交易的市场以及合作劳动的集体。也不是所有集体都会使人丧失个性而成为乌合之众,一次物理学家参与的科学会议,他们是以独立的个人参加的群体，演讲者陈述自己的观点并不是表演自己或蛊惑别人听信任何意义上的绝对真理，而是要使听众思考他提出的问题;课堂也是如此,老师通过讲解引发学生的思考;法庭虽然不同于会议和课堂,但法律的尊严、律师依据逻辑进行的推理以及法官对法庭秩序的维持,保证了法庭中的群体基本处在理性状态,尽管法庭并不能保证绝对公正。法庭的群体在更多时候恐怕不是乌合之众的

群体，尽管勒庞说，陪审团成员的意识也可能被律师的暗示所左右。

那么是什么使人群成为了乌合之众呢？勒庞用"心里群体"指称那些被"集体心理"支配的乌合之众，而究竟是什么使他们形成了一种心里群体？这需要具体分析这些群体是怎么形成的。一般而言，法国大革命中涌现的群众团体是受了法国启蒙思想家的影响，但如果问那些参加运动、为革命流血牺牲的人，他们究竟对启蒙思想了解多少，他们可能什么也不知道。实际上启蒙运动的思想分析起来很复杂，但它在大众中却形成了简单的口号式观念，这种观念的暗示性表现为诅咒——国王和贵族该死，杀了他们，我们翻身做主人；同样，种族主义也有复杂的形式，许多学者从民族性的角度讨论人种的区别也并没有违法，但20世纪的欧洲种族主义发展到纳粹主义后在德国民众中的观念却是——犹太人生性低劣，抢了我们的饭碗，杀了他们。观念在群体中一般都会被简化，因为大众总是喜欢简单明了的观念。

心里群体接受暗示有一个积累的历史过程，比如欧洲的反犹主义，并不是到了希特勒才有的，而是在希特勒时代达到了高峰，而之前，比如在莎士比亚的戏剧《威尼斯商人》中，那个逼迫债务人履约，非要割下他一磅肉的可恶家伙就被冠上了"犹太人"的称号。这种反犹主义经过日积月累，在群众中形成了固定并偏执的观念，当它发展到极端时，一个小事件就能把这些累计的心理能量释放出来，在释放过程中怀着同样心理的人群，不管他们先前有教养还是无教养，是数学家还是鞋匠，他们的大脑都被这个共同的心理占据，进而放弃循规蹈矩的生活而成为了一个个胆大妄为之徒。

群体心理积累的开端当然来源于个人经验，但当积累到达一定程度时，某种观念就与个人观念无关了，比如关于犹太人贪婪、吝啬的观念先入为主地植入到一定规模的群体意识中之后，这种观念就会像病毒一样传染到更大的群体，而且在传染中迅速生出更邪恶的变体，嫌弃、厌恶的心理会瞬间转变成愤怒和仇恨，而且有仇恨转化来的欲杀之而后快的心理随时可能变为复仇的狂暴行动。我们知道黑死病、霍乱或鼠疫都曾导致大面积传染，然后导致人类大量死亡。人类的潜意识中也存在着这种爆发“意识形态鼠疫”的可能。从社会心理累积的意义上来分析，甚至在马克思主义产生以前就已经有某种意义的马克思主义了，这种主义在群众中的心理是——我们的一切不幸都是由于富人的剥削，只要把世界上的富人都杀光，把他们的财产分给我们大家，我们以后就能永远过上太平日子了。这种心理的积累比反犹主义心里积累的历史还要长，但到了20世纪它能在世界范围迅速传播却主要得力于意识形态传染，我们看到这种传染甚至不区分富人和穷人、有知识的人和没知识的人。许多富人或有知识的人都把消灭自己所在的阶级当成了拯救世界的方式。当“人民”的神圣取代了“上天”的神圣，许多人就误以为底层民众的无知和愚昧具有值得崇拜的神圣力量，甚至认为罢工的人群中隐藏着新世界的曙光，认为罢工的合理性必然导致对生产关系彻底破坏的合理性，而不能意识到那不过是场流行病。无论罢工是工厂主的盘剥引发的还是几个流氓鼓动的，从合理的要求过渡到不合理的破坏，就像街头争吵发展到野蛮斗殴一样，与历史的进化的关系微乎其微。其实生产关系具有超强的稳定性，稳定性来源于人们求生存的本能，宏观看来，无论“意识形态鼠疫”持续的时间多长，流行病过后还是要回归到健康的状态，地主和资本家可以被疯狂的群众无故打死，但资本的所有者不会被消灭，只要人们惧怕饥饿、不甘贫穷，由于“国家资本”总是比“个人资本”表现出更大的罪恶，对个人自由的尊重必然使地主、资本家“复活”。只有在狂暴革命造成的巨大灾难过后，人们才能体会到，既然让所有社会成员都成为富人是不可能的，那么贫富差距的社会比普遍贫穷的社会容易忍耐得多，最简单的例子就是，乞丐和逃荒者在前边那个社会不容易饿死。

不过在狂暴革命来临之前，“意识形态鼠疫” 一旦传播到人群，个人的志趣、爱好、微妙的个人思想仿佛被狂风卷走，“意识形态鼠疫”在被感染的人们的头脑中泛滥，作为“真理”的意识形态就像掌控他们心灵的魔法一样使个人如同波浪里的水滴，失去了自我控制的能力，只能随着群体的波涛肆意汹涌。人群叫嚣扰攘，一团团、一簇簇，无意识的冲动淹没理性，他们如肆意奔腾的洪水，所到之处遮天蔽日。当革命成为一种生活方式，制造死亡就变得稀松平常，革命者以破坏标榜勇敢，于是人群破坏的勇气相互激励，破坏秩序、破坏文明、破坏生命，破坏之外还是破坏；“真理”以口号的形式被他们声嘶力竭地呼喊，口号也把他们连成一体，口号里的“真理”除了读作“真理”之外，根本和真理的内涵就没有任何关系——这就是勒庞所说的乌合之众。

二、群体的特征：情感简单、道德败坏、智力低下

或许是为了行文的方便，勒庞在他的《乌合之众》中明确了“心理群体——群氓——乌合之众” 的概念之后便没有继续使用这些称谓，

而是用“群体”来表征他所谓的“心理群体——群氓——乌合之众”，我们也按照勒庞的习惯，在说到“群体”时指的便是受某种共同的“集体心理”支配的群氓和乌合之众。

勒庞的《乌合之众》之所以能够广为流传的原因之一恐怕在于，他触动了许多人的世界观，由于人们总是生活在人群中，个人对于“人多势众”有一种天生的恐惧心理，于是人们重视不由自主地对集体主义心怀崇敬，在许多情况下，人们情愿放弃自己的观念而去迎合多数人，认为“多数人”不仅象征这力量，也代表了真理。但是勒庞却以精辟的分析，毫无遮掩的用词，赤裸裸地揭露出群体的情感幼稚、道德败坏、智力低下，在人们最初的反感过后又不得不认真思考他的论述。

群体时常干出刽子手的举动。勒庞说：“孤立的个人很清楚，在孤身一人时，他不能焚烧宫殿或洗劫商店，即使受到这样做的诱惑，他也很容易抵制这种诱惑。但是在成为群体的一员时，他就会意识到人数赋予他的力量，这足以让他生出杀人抢劫的念头，并且会立即屈从于这种诱惑。出乎意料的障碍会被狂暴地摧毁。人类的集体的确能够产生大量狂热的激情，因此可以说，愿望受阻的群体所形成的正常状态，也就是这种激愤状态。”

在理智状态下，人的情感受到理性的支配，比如人们对于舞台上那个扮演坏人的演员，如果他把坏人的可恶表现出来，人们尽管憎恶这个坏人，却知道舞台形象和演员本人不是一回事，对坏人的憎恶不会移情到演员身上，他们反倒会感谢这个演员的表演。但这种理智状态到了群体中却不易存在，群体心理的移情作用会把某些憎恶集中到毫不相干的人身上。法庭在法律权威的约束下只对事实和当事人进行推理,而不承认移情的合法性,但为了使阶级仇恨加剧,人们受到的阶级理论的暗示便是——必须把个人仇恨上升到阶级仇恨的高度,也就是说,既是一个和自己毫不相干的人,只要他属于罪恶阶级,那么我用自己本阶级的苦难向他指控也是合理的。这样,群体的情感就在这种模糊的移情作用下,用自己想象出来的罪恶把一个无辜的人判了死刑。

“群体将没有反抗能力的牺牲品赶尽杀绝,表现出一种十分懦弱的残忍。不过在哲学家看来,这种残忍,与几十个猎人聚集成群用猎犬杀死一只不幸的鹿时表现出的残忍,有着非常密切的关系。”人类有着伟大的同情心,但他们还有虐待狂的心理,这种心理在他们作为群体存在的时候尤甚,这很可能是人类漫长狩猎时代的心理残余。集体的无意识反应的是人类历史中的集体潜意识,当个人单独存在的时候,他的势单力薄使他的恶性处在潜伏状态,但一旦获得集体这个后盾,他就仿佛被灌注了神通,“在群体中间,傻瓜、低能儿和心怀妒忌的人,摆脱了自己卑微无能的感觉,会感到一种残忍、短暂但又巨大的力量。”这解释了群体为何会干出最恶劣的极端卑鄙无耻的勾当。

说到群体道德败坏,实际上是勒庞这样的理性哲学家以自己的一般道德原则与群体的行为作比较的结果,而如果分析支配群体行为的群体心理,会发现他们道德败坏的行为恰恰是他们自己心目中的高尚道德所支配的。也就是说,他们违反人类一般道德的行为中包含着自我感觉十分高尚的道德心理。我们知道,在某些落后地区,如果巫师指认某人被魔鬼附体,如果巫师不能靠法术把魔鬼驱赶出去,那么一个可能的结果就是众人把那个魔鬼附体的人打死,淳朴的人们并不认为自己残忍，而且引以为荣，他们觉得自己杀死了魔鬼，为民除害了。

如果说这种巫术“文化”导致杀人的事情是文明不发达的产物，是愚昧造成了人们不自觉的犯罪，未免把太责任推给了抽象的“愚昧”了；其实在有知识的人中间，由于群体心理之间的相互暗示，这种巫术时代以高尚心理进行凶残杀戮的事件也是非常普遍的，只不过巫术话语转变成了新时代意识形态的语言，好像巫术的“愚昧”消失了，其实它并没有消失，只不过转换了修辞：新时代语言说一个人被资产阶级思想毒害了，旧时代的巫术语言说它被魔鬼附体了，二者区别只是字面上的，并没有本质区别。我们都承认医生的心理应该属于知识者的心理，但他一旦意识到自己是高尚阶级中的一员或者努力向这个地位靠拢，他的道德水平就和野蛮人画等号了。

文明的花样翻新并不能剔除隐藏在人类心中古老的潜意识，只是个人的理智压制了它，但群体却能将这种个体压抑心理暂时解除，从而能使潜意识在某些时刻淋漓尽致地以行为表现出来。由于每个时代都有自己的新词汇，仿佛文明时代的人指责愚昧就表明它们已经完全同愚昧划清了界限，我们并不否认人类文明的进步，但这种进步显然没有新鲜名词所夸张得那么大。勒庞认为，一个数学家的惊人才华只表现在他的专业上，而如果他作为群体的一员，那他对自己行为善恶的判断力和没文化的人没有太大的差别，这就解释了群体为什么不能集合智能而只能集合冲动和暴虐的非理性，因为群体的专业不可能是数学、物理这样的理性工作。勒庞说：“群体的某些特点，如冲动、急躁、缺乏理性，没有判断力和批判精神、夸大感情等，几乎总是可以在低级进化形态的生命身上看到,例如妇女、野蛮人和儿童。"我们不必计较勒庞把妇女儿童同野蛮人相提并论似乎有冒犯女权主义者之嫌,勒庞的意思是说,群体的智力并不完善,他们因为作为有着集体心理的群体而把进化赋予它们的智力暂时抛弃了,仿佛回到了幼稚和不成熟的原始狩猎时代。勒庞说:"从一定意义上说,群体就像个睡眠中的人,他的理性已经被暂时搁置","既然群体没有思考和推理能力,因此他们不认为世界上还有做不到的事情。一般而言他们也会认为,最不可能的事情便是最惊人的事情。" 睡眠中的人在梦境中觉得自己并没有丧失理性,所以他在现实中不能实现的想法都变成了梦里的鲜明形象。群体的想象力同样失去了理性的制约,因此很容易把非理性的幻想当成可以实现的"理想"。历史的喜剧总是被作为证据来演出的,正因为太严肃所以让后辈觉得很滑稽。群体为什么会以严肃的态度在历史中表演滑稽剧呢?

从历史发展的角度说,人类文明的确是积累的结果,但"积累"是个人智能的积累,不是群体的积累。集体从来不能从事高智商工作,一件"集体创作"的艺术品肯定是平庸乏味的;牛顿和爱因斯坦的工作是不可能靠集体来完成的。迷信集体,以为一旦把人集合起来就能使智能和创造性得到最大发挥,蒙昧时代人们为了减轻死亡的孤独便有了殉葬的风俗,而到了 20 世纪,为了某种虚幻的观念而牺牲无数性命,可以看作是群体为了这种观念而集体殉葬,与古代不同的是,这次的殉葬规模非常大,足有 4000 万人。

一座大楼固然要很多人来建造,但大楼的"灵魂"即设计者却无论如何不能是"集体"。集体只能从事简单的、机械的劳动,创造性的工作永远需要依靠个人来完成。“群体中累加在一起的只有愚蠢而不是天才的智能。如果‘整个世界’是一个群体，那么根本就不像人们常说的那样，整个世界比伏尔泰聪明，倒不妨说伏尔泰比整个世界更聪明。”群体一旦在暗示的作用下接受了某种意识形态作为真理，其专横不仅表现为群体自身行为的野蛮专断和智力低下，而且压抑一切个体的智能和天才。可以想象，如果一个群氓崇拜的群体对天才音乐家莫扎特发布指令，命令他创作群众喜闻乐见的音乐，要求他为大众服务，为革命阶级服务，那么莫扎特的天才就如同信天翁的翅膀，因被水手们玩弄而成了阻碍飞行的累赘，反而不如一只小巧的麻雀显得机灵——这是波特莱尔《信天翁》一诗表达的意象。

三、群体与领袖的关系

群体需要领袖，但他们需要的领袖从来不是什么智者，他们只要对他们口味的领袖。面对群体的演讲家不需要是启迪思想的学者，因为启迪思想必然要分散群体的注意力，这样会令群体反感。演讲者不能在一个一心要把国王送上断头台的群体面前讲演法律和人道主义，否则你很可能被愤怒的群体掐死后踩烂。他们需要的是简单明了的鼓动，只有他们希望听到的真理才是真理，“真理”的表达必须是“坚决反对”或“坚决拥护”这种旗帜鲜明的口号，不能啰啰唆唆、模棱两可，只有这样才是他们“喜闻乐见”的。掌握了什么是群体“喜闻乐见”的，操控群体对领袖来说并不是太难的事，这是由于群体的智力低下，容易被暗示所左右。“群体只知道简单而极端的情感；提供给他们的各种意见、想法和信念，他们要么全盘接受，要么一概拒绝，将其视为绝对真理或绝对谬论。”

因此，杰出的群体领袖必须深谙“违道以干百姓之誉”。希特勒之所以能暂时成功，在于他具有洞悉群体心理的高超本领，他甚至说出了比勒庞这位社会心理学家更深刻的剖析群体心理的话。他认为，群体就像女人，宁愿屈服于坚强的男人；群众爱戴的是统治者，而不是恳求者。“他们更容易被一个不宽容对手的学说折服，而不大容易满足于慷慨大方的高贵自由，他们对用这种高贵自由能做什么茫然不解，甚至很容易感到被遗弃了。他们既不会意识到对他们施以精神恐吓的冒失无礼，也不会意识到他们的人身自由已经被粗暴剥夺，因为他们绝对不会弄清这种学说的真实意义。”从这段话我们似乎看出希特勒这样的成功领袖并非不理解自由主义的自由的意义，他之所以成功在于他迎合了他的德国人民的群体心理，一个领袖知道什么是善，但又知道什么时候必须行恶——这种马基雅维利主义恐怕是天才的权术家都需要首先掌握的。

由于群体感情偏执、道德败坏、智力低下，尽管他们犹如洪水猛兽令人胆寒，但同时他们又具有一切可怜虫的特点——向强权低头。“群体喜欢英雄，(英雄)永远像个凯撒。他的权杖吸引着他们，他的权力威慑着他们，他的利剑让他们满心敬畏。”“群体会随时反抗软弱可欺者，而对强权低声下气。如果强权时断时续，而群体又总是被极端情绪所左右，他们会表现得反复无常，时而无法无天，时而卑躬屈膝。”这样，对善于驾驭群体的领袖而言，他必须会利用强权和必要的手段，他越是用适当的方式虐待崇拜他的群体，群体就越是对他俯首帖耳。为了时刻保持群体对他的崇拜，领袖需要在群体中适时地制造恐怖，恐怖不仅使群体对领袖指向的所谓的敌人满怀仇恨，也是他们对领袖更加崇拜，只有领袖制造的恐怖足够强烈，群体才能立即投身到消灭领袖所指的敌人的行动中，赴汤蹈火在所不辞。勒庞举例说——“当波拿巴压制了一切自由，让每个人都对他的强权有了切肤之感时，向他发出欢呼的正是那些桀骜不驯的雅各宾人。”

因此，一个杰出的群众领袖，必须学会适时地利用群体的无意识以达到“咈百姓以从己之欲”。由于群体不善于思考，他们并不能以学者的眼光辨别什么是真理。领袖要驾驭群体，使其听任自己的摆布，就必须用适当的修辞告诉他们什么是真理。这种修辞方法既不需要亚里士多德的逻辑学，更不需要现代分析哲学，而是依靠——论断、重复和传染。我们前边已经讲过，传染对于群体心理形成的巨大作用，但传染之前却需要论断和重复，所谓论断就是省略繁琐的论述，只给出最后的结论；所谓重复就是把论断一而再再而三地灌输到群体的耳朵里。那个发表论断和不断重复的领袖必须有着病态的、偏执的热情，一个执著得走火入魔的领袖就容易给群体造成他已经拥有最高真理的印象，许多著名领袖的演讲就是这种“真理制造者”的典型，他不会像书斋里的哲学家那样谨慎地论证，他比他们要大胆得多，在他嘴里时刻都会源源不断地产生出“科学真理”。

一个善于操控群体的领袖当然不能完全依靠自己的论断、重复和暗示，为了使“真理”不断地被论断、重复和暗示，还需要培养洗脑专家和建立舆论阵地。我们知道农民具有质朴的天性，他们的脑袋不容易接受外界信息，假如他们不识字，再加上方言的阻碍，宣传家对“真理”

的重复只能像乌鸦的聒噪一样，在憨直农民的身上起不了作用。

由于大多数人对自己行业以外的许多问题都没有清晰合理的想法，所以勒庞认为，领袖具有做群体领路人的作用，但这个作用可以用定期出版物来代替。领袖不可能每时每刻都在群众聚会中演讲，而“这些定期出版物制造有利于群众领袖的舆论，向他们提供现成的套话，使他们不必为说理操心”。20 世纪群氓崇拜的国家普遍都把公共舆论牢牢掌握在领袖手中，当领袖需要什么观念做真理的时候，它就会命令舆论阵地立即炮制大量“科学真理”，制造“科学真理”的速度显然比制造生活用品的速度还要快得多、效率高得多。谎言重复一千遍也不会变成真理，但重复了一千遍的谎言却可以使群体相信它就是“科学真理”。

四、独断制度是大众民主唯一能够理解的统治

“独断制度是大众民主唯一能够理解的统治。”——勒庞这句精辟的论断概括出了 20 世纪所有狂暴的大众民主为什么无一例外地走向了独断。人类的历史表明，如果民主意味着人民做自己的主人（即所谓的人民自己统治自己）的话，民主就从来没有实现过。那么民主的意义究竟是什么呢？民主的确切含义是防止独断，也就是存在某种制约机制，保证即使恶人当政也无法用权力作恶。西方民主的这个机制使用权力制衡权力，这才是民主的理性意义，也是民主的精髓。

但大众民主则与民主的理性意义相去甚远。当群体把“历史使命”扛在肩头,他们就需要思维一致、步调一致直至行动一致。如果“民意”全部趋向一致,那么“民主”也就十分简单,如果人民一致认为领袖的意志时刻代表着人民的意志，那么独断者的独断统治的确就是最广泛人民的“民主”。

20世纪的“人民”崇拜有着极端宗教主义的特性,群体中的个人时刻准备着消融在群体中,所有与群体相冲突的个性都会被他自己所仇恨,所以作为人民的一分子,他不会从自己的思维出发思考问题,而是时刻准备赞美群体意志。最能体现这种群体意志的莫过于作为人民喉舌的宣传机构了,当这些代表人民意志的宣传机构英明地指出谁是敌人、谁是朋友,什么是对、什么是错,群体唯一表达的就是赞美——说到我们心里去了,太英明了,太正确了。宣传机构的观念从何而来呢?当然是来自领袖。领袖作为政教合一的统治者,他说他时刻代表人民并非是自夸,因为对于时刻等待无条件接受真理的群体来说,极权的领袖的意志不获得人们一致拥护的几率接近于零。

当然，由于人类理性的天然作用，即使在一个观念一致的群体中,个人也总能产生怀疑主义,为了强化领袖意志时刻代表人民这一观念,必须从幸福的宗教意义出发来教化人民,是他们自觉地放弃自己的“模糊认识”而听从领袖的意志。就像福音书的传诵那样,领袖的教诲被宣传为带领人民通向康庄大道的唯一指南。在勒庞的时代,社会意识形态已经十分强大，他说:“那是因为它是具有活力的最后幻想。它依然继续发展,它的主要力量是因为这样的事实,即它的鼓吹者是那非常无视现实,因而敢于向人类承诺幸福的人。”当无神论采取的极端宗教主义从形式上似乎比有神论的宗教要“科学”,仿佛唯一道路和道路尽头的理想国在领袖的带领下按照“必然的科学规律”就是指日可待的。群体并不能区分可实现的现实目标和纯粹的幻想之间的差别，这使得善于掌握群体的独断者可以把幻想的吸引力放在可实现的现实目标之上,或者干脆把幻想等同于可实现的现实目标。

我们可以总结出一种几近普遍的历史现象，人民崇拜一般都转化为对人民的恐怖主义——对人民中可能残存着一些可怜的“个人主义”的人赶尽杀绝。对所谓的人民敌人肉体上的消灭被宣传机构宣扬为领袖带领人民取得的重大胜利，死者的残肢断臂和不断增加的火葬场的火苗被看作是前所未有的革命成果，这种革命成果的激增反过来更加剧了人民对领袖的崇拜,没有谁比生命遭受危机的人更愿意对领袖进行崇拜了,因为崇拜领袖可能会使自己免于被划分到“人民敌人”阵营的命运。

既然群体心甘情愿地把自己的主权交给独断者，独断者为了使自己时刻成为为群体做主的人——维持其独断统治，就当然希望人民处于乌合之众状态,而不愿意他们有个人思想和独立人格。所以“大众民主”都把仇恨个人思想作为真理的原教旨。这种原教旨的实现一般采取国家主义或民族主义以及利他主义的形式,尤其是利他主义。

国家主义、民族主义以及利他主义都有其合理存在的条件,比如在国家民族遭受外国武装侵略之时，强调国家主义和民族主义就是不仅合理而且必要的;利他主义也是人类的高尚情感,甚至某些动物也会有为救助同类而献身的壮举,这显然是生命发展到高级形态才有的行为。但以否定个人主义出发,无条件地宣扬国家主义、民族主义和利他主义则是一切专断集权主义的品性，它给人民造成的危害远远大于所带来的好处。为什么这么说呢？

独断者的人民崇拜表面上看是从人民出发，但其实他正是通过对个人主义的批判和利他主义的宣扬力图使每个人的自我尊严和自我价值丧失，从而掏空了“人民”概念的内涵，使人民不再和具体的人有联系。我们不否认某些情境下利他主义的必要性（比如救助落水儿童），但利他主义不能普遍贯彻到生活中，来作为人们日常生活的准则。如果每个人都应该不把自我放到中心，不为改善自己的生存条件而奔波奋斗、不为自己而恋爱、生儿育女，而是绝对地利他，那么，以多米诺骨牌推导，最终的“他”就没有对应者。而实际上，独断者是利用利他主义使最后那个“他”指向自己，他当然不在乎物质利益，因为独断者从来不会为财产操心，他在乎的是绝对权力，是让他的权杖具有至高无上的权威。因此，如果普遍的价值观使每个人都认为个人价值和个人尊严不是最重要的，其结果就是独断者以国家利益或民族利益的名义把个人作为工具，人群变得像木偶一样，独断者轻而易举就能操纵。如此我们不难看出，从人民崇拜出发，以集体主义的意识形态——国家主义、民族主义、利他主义来约束人们的言行，其不可避免的结果恰恰是违背了康德的人本主义思想，不是把人作为目的，而是把人作为实现某些虚幻观念或理想的工具和手段。这就是为什么20世纪的“高尚世界观”——国家民族之上、消灭利己主义——的结果都导致了集权主义泛滥和大规模的历史性集体犯罪的原因：人民在高尚的“主义”的怂恿下上交自己的权力给领袖，领袖的权力就不再受任何制约，而没有约束的极权很少有不导致罪恶发生的。

五、群体的破坏运动与历史进化的关系

勒庞对群体的“革命”十分反感，他看到了正如不可能通过一次爆炸就能使原材料自己变成一架机器一样，通过革命完成历史进步被群体革命的实践证明了只是一个幻想，尽管这种幻想在未来可能还会发生。勒庞发现，激进的革命群体中其实存在着很大的保守性，他们幻想的历史飞跃除了在脑袋里想想之外就全都表现在嘴皮子上了。法国的群氓运动把国王送上断头台就以为消灭了不民主制度，但无论是他们支持的罗伯斯庇尔还是路易·波拿巴，其统治手段都还是老一套，而且其专断的残酷性有过之而无不及。

嘴皮子上的“历史进步”——与历史进步的真实情况很不一致，而且往往是完全相反的——这种情况在 20 世纪集权主义演化的大的历史阶段中表现得淋漓尽致。人类几千年的私有制在当时的某些国家已经被公有制取代，平等实现了，自由人联合体的集体农庄和国营企业已经彻底改变了旧社会的剥削体制。但平等对自由的损害却到达了一定的程度——平等受穷、平等挨饿，甚至平等地饿死，人们求生的本能不自觉地逼迫没有完全丧失人性的领导者进行体制改革，于是当初嘴皮子上的历史进步被改革不断销蚀，当改革到了必须取消集权主义体制的时候，于是公有制被私有制、计划经济被市场经济所取代。从私有制到公有制，又从公有制到私有制，两次“历史进步”不过是在原地兜了个圈子，或者说，如果历史的确出现了重大进步，那是由于历史先被严重破坏，而进步只不过是对历史遭受的破坏的补

偿而已。如果没有20世纪群体的狂暴革命运动，市场经济本来就是市场经济，这就是为什么在没有发生社会革命的美国，尽管没有三番五次磨嘴皮子，却大略实现了历史进步的原因。所以勒庞下面一段话仿佛是在总结20世纪革命运动的失败给人类带来的教训："对历史事实最细致的观察，无一例外地向我们证实，社会组织就像一切有机体一样复杂，我们还不具备强迫它们在突然之间发生深刻变革的智力。大自然有时采取一些激烈的手段，却从来不是以我们的方式，这说明对一个民族有致命危险的，莫过于它热衷于重大变革，无论这些变革从理论上说是多么出色。"破坏性革命只能造成表面的社会变化，因革命激情建立起来的制度总是很短暂的。考虑到人类的情感、道德、理性在几万年的时间里变化也不是很大，因此即使外观的变化也都是技术改进的结果，比如飞机、火车、汽车和一切动力机车之所以产生并成为我们生活中必不可少的工具，是因为科学技术的发明，科技技术给予我们生活的影响显然比任何社会革命都要大得多。至于社会革命的痕迹，就好比一次特大规模的交通事故，尽管由于其恐怖记忆而深受历史学家重视，但人们一旦从狂暴凶猛的群氓崇拜的时代返回到理性时代，他们情愿选择淡忘，就像戒了酒的人不愿意回顾自己荒唐的过去一样。

我们知道许多想要使人类生存状态发生"翻天覆地"改变的社会革命也都是打着"建设新社会"的旗号，如果忽略20世纪的血雨腥风，也可以把这个世纪称作"改造社会的实验"的世纪。但所有把人改造成蚂蚁或蜜蜂的努力都宣告破产了，由于人不能被改造成蜜蜂，那么人的人性也很难被改造成集体主义的"蜜蜂人"的人性，这样一来，集体主义的“蜜蜂人”的生活方式和生产方式也就很难成为人的生活方式和生产方式。尽管群体在领袖的带领下绞尽脑汁地想要把人改造成集体主义的蜜蜂，为此他们搭建了现在看来非常可笑的的“无限美好”的制度土台子，但我们还是要恢复到社会实验前的状态，“革命”的痕迹随着岁月的增加均将逐渐淡去，剩下的只有一些关于群体斗争的传奇故事，再过若干年这些故事就和文学家虚构的故事没什么区别了，各自认定的正义在话本小说家的嘴里都不过是煞有介事的台词而已。

“最宏伟的实验就是法国大革命。发现一个社会有待于遵照纯粹理性的指导，从上到下翻新一遍，这必然会导致数百万人死于非命，让欧洲在 20 年里陷入深刻的动荡。”群体的狂暴运动永远不会是建设性的，而只能是破坏性的，但勒庞并未全盘否定破坏的意义，他可能意识到某些破坏是必要的。如果破坏是必要的，那么它也并非与建设没有关系，就像尸体被细菌侵蚀而成为植物的营养一样，勒庞指出：“群体只有强大的破坏力。他们的规律永远是回到野蛮阶段。制度完备的、已经脱离本能状态而进入了能够未雨绸缪的理性状态的文明，属于文化的高级阶段。群体无一例外地证明，仅靠他们自己，所有这些事情是不可能实现的。由于群体力量有着纯粹的破坏性，因而他们的作用就上是加速垂危者死亡或尸体解体的细菌。”那么必须由群体细菌来分解的尸体是什么呢?社会革命所“创造”的怪胎——无限美好的理想国、无比优越的社会制度之类，无疑还是需要群体来破坏，不过“群体”在经历了这种对破坏主义的产物的破坏后，逐渐脱离了乌合之众的状态，而分类为理性自由主义的个体了；但理性的暂时胜利不能保证自由主义的个人不会被某种意识形态所蛊惑而重新聚集为一群乌合之众。

附录 2

勒庞《乌合之众》的得与失

——[美]罗伯特·墨顿

在《社会心理学手册》这本权威著作中，美国社会心理学大师奥尔波特(Gordon W.Allport)大胆评价道："社会心理学这个领域的著作中，最具有影响力的或许非勒庞的《乌合之众》莫属。"但是这本书是否应该享有这么高的赞誉，却是一直存在疑义的。不过有一点是肯定的，即它对人们理解群体行为的作用以及对社会心理学的思考发挥了巨大的作用。除此之外，在美国民众用"孤独的人群"和"千人一面"这样恰当的词语来形容自己的处境或感受的时代，我们更无法怀疑这本书的适时性。

在我们看来，勒庞这本书有这么持续的影响力确实有些令人费解。1895 年，它初次面世时，可以说不过是一本赶时髦的书。但是，如果一种时髦持续了大半个世纪之久，想必一定有它的独到之处。如果我们再分析一下它的性质，就更不难理解为什么它会有这么持续的影响力。这本书所包含的真理也许没有一条不被人说过，并且会比勒庞更有说服力，甚至有些在他写这本书之前就已经论述过。但是在知识界这本书却仍然影响非凡，而且更让人不解的是这本书所提出来的一些观点，现在已经证实是错误的或是有误导性的，然而它仍然是我们这些群体行为研究者不可不读的文献。此外，书中还包含各种互不协调的意识形态，但是那些推崇迥然不同的意识形态的作家却都以十分严肃的态度去对待它。也许，要想理清这团表面看起来充满矛盾的乱麻，我们最好还是思考一下它对我们今天的意义。

然而，《乌合之众》所讲述的可以帮助你消除这种困惑。受到勒庞的观点所触动的不仅包括如民粹派社会学家罗斯和心理学家麦克道格尔等那些几乎完全接受的人，而且还有一些反对它的人，比如社会心理学家的弗洛伊德和社会学家帕克。反对者们可以驳斥勒庞的言论，但不能无视，至少如果他们不想放弃对社会心理学问题的关注，他们就不能这样做，因为那些都是基本的问题。

“它几乎从头到尾都表现出一种对重要问题的敏感性”——这就是勒庞此书的主要功绩所在。正如大法官霍尔姆斯先生所说，勒庞在这本书中表明他具有“脊髓中的本能”，只有很少的思想家才拥有这种不断发现有研究价值的问题的本领。对于思考社会的人或者社会心理学家来说，勒庞的著作所关注的几乎无一例外都是非常重要的问题。这本书的标题局限性在于容易误导人，但它也涉及到许多人们不与“人群”联系在一起的现象。可以这么说，勒庞在此书里以十分简明甚至时代错置的方式触及到今天人们所关心的一些问题，比如社会服从和过度服从、单一的趣味、群众反叛、大众文化、被别人支配的自我、群众运动、人的自我异化、官僚化过程、逃避自由投向领袖的怀抱以及无意识在社会中起到的作用，等等。简而言之，他研究了很多现代人面临的社会问题和观念。我认为这本书之所以有持续的影响力就在于内容的多样性。

因此,《乌合之众》这本书对于当代的意义,并不是它能解决问题,而在于它能发现问题。当看到这本书对弗洛伊德所产生的影响,你就会意识到,发现问题和解决问题虽然互有关联,但还是有所区别。弗洛伊德提供了一条主渠道,使勒庞的思想进入现代人的头脑。当弗洛伊德在20世纪20年代把注意力转向"群众心理学"(这是他的"Massen-py Chofogie"一词的习惯泽法)并发表这方面第一本专著《群众心理学与自我的分析》的时候,他专门用一章来讨论勒庞。开篇他便下了一个结论:"勒庞的《Psychofogie des foules》(《群体心理学》,该书法文原版书名——译注),一本当之无愧的名著。"最后又有类似的概括:"他非常精彩地描述了群体心态。"而在这两个断言之间,连篇累牍地引用了《乌合之众》中的段落,这与弗洛伊德的短评加在一起,几乎占了全书的六分之一。

但很快人们就发现,弗洛伊德对勒庞这本书并不持明确的赞成态度。在下面一章,他一开篇便收回了前面对勒庞思想的赞扬,他说:"……现在我们必须补充一句,其实作者所说的并没有一丝新的东西……此外,勒庞等人对群体心理的描述和评价,并不是没有争议的。"

这些否定性断言看上去虽然有些失礼,因为这与弗洛伊德之前几页纸的说法也不完全吻合,但是也许正是这种双重否定才是其内心真实感情的流露,而并不是不礼貌的废话。夸张一直以来都是作为一种技巧用来简单地表明观点,因此,如果我们从弗洛伊德的判断中去除他这种表达判断时所采用的夸张语气而保留其实质,然后我们不禁要问一句:既然勒庞的话既无新意又不正确,为什么又要如此重视它呢?弗洛伊德为什么像许多严肃的评论家一样,从知识角度怀着明显的尊重之意来看待勒庞呢?他为什么要把这本书作为自己论述社会心理学的起点呢? 弗洛伊德以既可敬又坦率的态度回答了我们的问题:"把勒庞的言论作为我们的向导,因为它所强调的无意识精神生活,十分适合我们的心理学。"

弗洛伊德对自己重视勒庞思想作了简单的解释,他的解释乍一看好像无懈可击,其实并不全面。他解释了怎样找到了勒庞著作中的优点,却没有解释自己为什么要贬斥勒庞的思想既无新意也不正确。要想理解弗洛伊德这种自相矛盾的态度,还需要进一步的探讨。弗洛伊德对勒庞思想的这种自相矛盾的态度是难以否认的,他在这一页纸上否定勒庞,又在下一页纸上赞同他,勒庞"对群体心态作了出色的心理学说明"。

在弗洛伊德论述勒庞的一章中,能够找到这种矛盾态度的思想——而不是心理学解释。在这章中,他近乎是用一种猫捉耗子式的苏格拉底对话的方式,为两个角色写出了台词。这种矛盾态度的基础归结来说就是——勒庞只是问题的发现者,而弗洛伊德则可以成为问题的解决者,因为勒庞是否能够既当前者又当后者,是不能完全确定的。对于前一种能力,勒庞是受到了弗洛伊德十分大方的赞赏。而对于后一种能力,勒庞只能说是派不上用场,甚至是完全错误的,而且弗洛伊德也坚持认为不仅是无用的,而且是错误的。弗洛伊德把这两种角色交替给勒庞,而他本人也在这种矛盾之间徘徊。最后,弗洛伊德给勒庞所有的论述描绘了一幅清晰的画(虽然是一幅形象需要大加完善的画面）：勒庞播种，弗洛伊德浇水并培育其生长。

在弗洛伊德看来，勒庞发现了问题，并指出了群体生活的重要性，却没有对它们作出解释。

勒庞讨论了“感情的强化”和“理智的欠缺”，并点明了群体心理的“基本”事实。但是，弗洛伊德认为勒庞并没有看到群体成员之间建立感情联系的心理过程的原因。

作为问题的发现者，勒庞看到了群体和有组织的团体之间“感情传染”和易受暗示的潜在性，但是，弗洛伊德认为他并没有看到这是团体成员和领袖以及其他团体之间有着本能关系的原因。

勒庞认为，一些人聚在一起，如果没有任何关联，他们是不足以形成团体的。但他没意识到这种联系是如何建立起来的。

勒庞特别指出了群体感情容易变化，爱与恨的游移以及团体的团结和仇视态度，但他却没有看到群体的矛盾和理想化（这时受到过分爱戴的人物会变得不容批评）倾向的心理机制。

勒庞生动地描述了群体缺乏感情约束和没有中庸与三思而后行的能力，但是他没有任何理论阐述了自己能够看出这是退化到某个早期阶段的结果。（甚至连弗洛伊德这样的大人物也会分神，他说勒庞没有明确的退化观念，这当然不错，但是勒庞一再把群体所特有的冲动、缺乏理性、没有判断力、批判精神和夸大感情比作低级进化形态的生命——例如妇女、野蛮人和儿童的倾向。就此而言，弗洛伊德已经预见到了他本人的错误，当他写出退化到“不必奇怪的可以在野蛮人或儿童身上看到的早期阶段”时，妇女显然已经被排除在了这个阶段之外。）

弗洛伊德错误地并不公正地说，勒庞没有“估计到领袖在集体心目中的重要性”，而他能够揭示出领袖在集体行为心理过程中所发挥的作用。弗洛伊德没有注意到的是勒庞赋予了英雄神话的重要性，这正像弗洛伊德在与奥托·兰克讨论之后认为英雄神话是个人把自己从不断的集体统治中解放出来的手法一样。

勒庞看到并且强调了群体中的“扯平”趋势——要求在受压制的平庸水平上的充分平等。但是，根据弗洛伊德的判断，他并没有意识到这仅仅是一个潜在过程中外在的可见后果，而在这一过程中，群体成员“通过对同一个目标有着相同的向往而互相认同”，即所谓的“目标”——弗洛伊德的专业术语，而在这里指的是领袖。

勒庞用自己的语言生动地描述了作为群体和群体成员的标志——“服从的欲望”。但是他就此止步不前，并没有进一步地认识到这种情况会出现是因为体现在领袖身上的自我理想已经被集体理想所取代了。

最后，弗洛伊德犯了一个利大于弊的错误，他认为，勒庞把自己的研究局限在有乌合之众特点的暂时性群体上，其实也是在无意中撞上了一个最有价值的研究课题，因为只有在这种暂时聚集的人群中，才能够清楚地看到个人对群体要求的百依百顺，并且自愿放弃自己的独立精神。弗洛伊德这样来理解勒庞的群体概念是错误的，只要读读下面的几页，就能明白这一点。不过，一流的头脑即使犯下错误，别人也会从中有所收获。弗洛伊德的错误是个聪明人的过失，是一不留神而产生真理的幸运过失。尽管弗洛伊德认为勒庞的陈述“只涉及短命的集体”显然是错误的，然而就是这个错误使得弗洛伊德赞扬了勒庞所选取的“喧闹的、暂时性的群体”进行研究，“它们只是集体中的一个类型，我们从中可以看到，正是那些被我们视为个人特性的东西，彻底消失了（虽然是暂时的）。”弗洛伊德用这些话详细说明了一个在科学研究中普遍适用、在社会科学中尤其需要强调的基本原则，因为很少有人会认识到。这可以称之为搜寻“重大研究领域”的原则，即寻找这样的一些课题——这里的具体课题是暂时性的群体——能够帮助人去研究那些可以取得特殊优势的科学问题。

勒庞做了部分弗洛伊德做过的事情，但是他是在无意识的情况下做的。他集中研究了暂时性群体，不过也没有局限于此。根据他的用法，“群体”是个很宽泛的概念，不仅是指暂时聚集在一起的人，而且更是指那些持久存在的团体和社会阶层，比如组成议会、宗派和阶级的人们。不过，勒庞在关注较有生命力的公众甚至更有持久性的阶级的同时，更注意到了那些形成政治暴民的短命人群。因此，事实上他抓住了一个研究集体行为的重要时机，即在可视性极佳的时刻对它们进行了研究。有理由相信，弗洛伊德把勒庞不具备的方法论技巧归在了他的名下。弗洛伊德对勒庞所得出的有利评价，并不是因为他注意到了勒庞在这个具体研究中做了科学家们都在从事的工作，即找到了重大的研究素材，而是它们能够揭示出所研究的事例与更为广泛的变量之间的相互关系。

从弗洛伊德对待勒庞的矛盾态度中得出的结论如下：勒庞对人群和集体行为的突出特征有着相当敏锐的把握能力，但他却没有对人群和集体行为的原因作出令人满意的解释。依据这种评价，勒庞就像是一条专门寻找块菌的狗，他在社会心理学表层的某个位置上停留片刻，因为在其下，有些别人没有发现的重要的理论块菌。弗洛伊德则把自己的形象设计的与勒庞相反，他觉得自己是个能够透过现象看本质的人，他能够找出社会心理学的块菌，把它们烹饪成一道美味的知识佳肴。这两种形象对他们两个人或者他们的著作来说都不是十分公正的，不过也不能说一点也不公正。勒庞主要是个群体社会心理学问题的发现者，而弗洛伊德从某个层面上说是个很有想象力的问题发现者，又是一位成功的问题解决者。通过探讨弗洛伊德对勒庞的矛盾态度，我们能够看到一些可以称得上重要的新思想（但是别人已经有所预见，因此也并非不可缺少）和一些正确并有意义的思想（只是并不是十分深刻，因此只有提示的意义）的贡献和局限性。对勒庞这本《乌合之众》的矛盾态度，就是一个非常恰当的例证。

弗洛伊德对这本书的感受并不少见，而这里单单把它举出来说明并不是因为任何时候提到像弗洛伊德这样拥有机智而富有创造性的头脑的作品都会让我们感到愉悦，而是因为他对勒庞的理解以及他那造成意外收获的误解，能够帮助我们理解此书。假如弗洛伊德在提出自己有关人的社会行为的思想时，从中发现了大量有现实意义的因素，那在较小范围内我们也能做到这一点。总起来说，虽然他从该书中得出的很多发现没有任何十分正确或全新的观点，但这对我们也有益处：勒庞的表述远不能盖棺定论，而只能算是为这个课题更为先进的观点提供了重要的指导。

弗洛伊德对此书的解读有意义的是一组有现实意义的因素，同样它也能为我们的解读带来意义，这需要我们从该书中发掘出比它本身字面含义更多的东西。读者不仅要注意到勒庞多次论述的问题，同时还要注意他有时在无意中表露的思想，这样我们就可以感受到人的社会行为中自己过去没有留心的某些方面。正如许多别的书一样，读者如果希望从书中得出一些能够得到的东西，读出字里行间的含义也是很重要的。这同样也适用于我们这些组成了各类团体的人，特别是那些叫嚷着自己不服从的人（实际上他们受着严格的约束），不过前提是他们想理解对我们每个人都会发生作用的服从倾向的话。

这本书包含了各种丰富的现实意义，其中有不少隐藏在字里行间，同时也解释了它为什么有经久不衰的影响力。这种影响力来自于它的主要论点，属于一些复杂思想的一部分，它们大多仍与我们同在，也就是强调人的行为中反理性或非理性的特质。这是一幅世纪末的人类画像，它把人类描绘成为极易受到操控，而且莫名其妙地情愿上当受骗。不过这显然是一幅未完成的肖像画，因为如果有些人受到控制，那么必定还有一些人正在控制。因此从本质上说，有些人是把别人当做达到自己个人目的的手段。另一个更深刻的假设是，人类是有着自我欺骗的无限能力的，他能够头头是道地把罪恶说成美德，甚至为了犯罪而否定美德。人类性格的这幅画像还引出了一种社会哲学和社会学，即认为人类极易在社会的引导下变得十分愚蠢，他天生的才智或因为追随乌合之众而变得平庸，或者是用心险恶，成为一些十分不起作用的暴力和强制行为的帮凶，来欺骗自己的同胞。

人既没有理性又自私自利，易冲动而且反复无常，抑或是把理性用在伤天害理的事情上，既是暴力和虔诚骗局的实施者，也是它的牺牲品——这是勒庞勾勒的一幅人类画像，虽然算不上什么新见解。但至少从《君主论》（这个标题显然强调了施控者）的时代起，一直到《乌合之众》(这个标题转向了被操控者)的时代,每个世纪的马基雅维利主义作家,都一直在不断地设计这样的形象。不过同样真实的存在的是,它在上个世纪后半叶才变得十分清晰醒目,并且一直延续至今,人类是完美的理性动物这一形象,即使没有被它消灭,也受到了它的影响。

对于人类及其行为中一些令人憎恶的方面,心理学家、社会学家、社会哲学家、政治理论学、政论记者甚至有创造性的落魄小说家,都写过大量的书及应时之作,勒庞的《乌合之众》只是其中的一本而已。很巧合的是,在1895年,也就是这本书出版的同一年,布罗伊尔和弗洛伊德也发表了他们的突破性力作《病的研究》。但这两本书的同时出现,无论如何也不能说是出于偶然,因为只有在强调人类非理性的著作大量出现时的相同社会条件下,这种思想相近的著作才有可能几乎同时出现。

也许有人会否定这种看法,认为每个时代都有自己的麻烦,每个时代都会自以为面对着理性的黎明或非理性的开端。但这种观点是错误的,毕竟它没有说明这种时代的自我形象在19世纪下半叶的法国为何如此迅速地抓住人心。我们回顾一下19世纪50年代的那个由龚古尔兄弟组成的两人文学小组,他们从未满足于小组内的一致意见,预言患了贫血症的欧洲文明将遭受野蛮人的攻击,但这不是说在欧洲已经找不到的野蛮人,而在他们看来野蛮人是那些粗鲁的工人,他们说,这些人会把自己的这种任务称为“社会革命”,当时,法国的人道主义知识分子们——泰纳、圣伯夫、讽刺作家“加瓦尔尼”、勒南,以及龚古尔兄弟生活及工作的圈子里的其他人,都对眼前的“道德卫生状况”

忧心忡忡,对未来的日子也充满疑虑。他们的预言在很多方面都和勒庞这本书的内容没有多大的区别。例如泰纳就曾预言说,20世纪的人会表现得活力有余而悟性不足。

关于群众即将发生的统治,还有比这些模糊的预兆更多的现象,从社会学的角度来看,它们足以说明勒庞的思想注定会出现,即使他本人认为从未存在过。这一点最好的证据是在同一时间,另一位社会心理学家——意大利人西盖勒,也提出了大体相同的思想,正如其中不少的思想也由法国人塔尔德表述过一样。大凡是两三个人几乎同时得出的相同的思想,经常会出现谁是思想先驱的争执,而这场旷日持久的争论也解释了勒庞为什么一再地别有用心地重复他15年前就群体的"模仿"和"感情传染"问题说过的话。他与西盖勒不断地进行着或公开(这是勒庞的典型风格)或指桑骂槐的争吵,后者在他自己的《宗派心理活动》中直率而愤怒地自称先驱,并指出勒庞的《乌合之众》"显然大部分都是在抄袭我的著作";而在《犯罪群体》的第二版中,他又一时兴起,抱怨说"在讨论群体心理时利用了我的观点,对我却只字不提",又说"我一点也没有正话反说的意思,我认为采用我的观点却完全不提我的名字,没有比这更高的赞扬了,对此我并没有丝毫的怀疑"。我们显然没兴趣为这些一度颇为激昂的优先声明作出评判,这种事后的判决,是那些有知识有成就的重要法官和那些思想史专家的事情。从某种程度上来说,西盖勒和勒庞以及塔尔德之间的争吵,对我们来说意义仅仅是许多人同时有着基本相同的思想,并且至少有部分相互独立存在,这就证明了这些思想的出现几乎是必然的,因为文化遗产已经为它们这些思想的诞生积累了知识,而且它们还受到社会兴趣的引导,这就把思想家们的注意力引向了能够产生这些思想的问题。

我们有足够理由相信勒庞的著作部分地反映了当时的文化氛围,因为这是有相当严格的证据而不是道听途说的。回顾一下17世纪格兰维尔的气象学比喻,在20世纪怀特海使它复活之前,它一直沉默。形成一种舆论气氛的思想需要迎合了人们的趣味,这并非出于偶然。这种气氛之所以能够普及,是因为深层社会结构出现的变化,这个结构本身由于各种压力和紧张关系已经在咯咯作响,或是因为严重的震荡和变化使一些人所接受的思想有了意义,或是让一些与当前无关的思想变得不合时宜。(它们还会固执地表现自己,因为不是文化中的一切都严格地受到社会结构的决定,而且还因为同样的结构压力对该结构中地位不同的人会有不同的意义。)一般来说,思想的创造性以及这种思想的普及,需要同样的社会条件。具体而言,我个人认为,勒庞的言论和思想迅速得到普及的原因是那些重要的历史事件,也就是对他提出那些思想造成很大影响的事件。同样是这些事件,使勒庞与他的听众之间产生了共鸣。

只要稍微回顾一下勒庞漫长一生的历史背景,就能明白为什么他对群体中的个人的描述对于他本人和他的读者来说都具有很深的意义,以及他为何根本没有机会对这种描述作出重大的修改。勒庞生于1841年。路易·菲利普——一个人们本来以为具有革命精神的国王,成为了一个彻头彻尾的保守派,这反而激起了想要改头换面的激进主义和空想主义的传播。当勒庞还是个7岁大的孩子的时候,巴黎打起了街垒战并最终导致国王迅速退位。在六月起义的惨烈巷战后,路易·波拿巴亲王取代了国王，成为第二共和国的总统。当时他还无法理解路易·波拿巴如何巧妙地利用了民众，把总统职位变成了皇位，并且以拿破仑三世的称号傲慢地统治着第二帝国。但是到了19世纪60年代，勒庞显然赞同了这位皇帝安抚民心的十年统治——他是想避免民众的反叛，但只是希望巴黎的老百姓在经历了色当惨败后能够把欧洲忘掉。在1871年的巴黎公社期间，激进派以及共和派、普鲁东派和布朗基派等一帮乌合之众短暂地掌握了政权，勒庞对此深感忧虑。对于这次反叛，马克思也怀着自相矛盾的心情，不仅说它是一个巨大的政治错误，而且还认为它是工人为自己的权利而举行起义的预演，是他们最终要获得的解放的序曲。而作为一名成熟但并不总是十分敏锐的观察家，勒庞目睹了1870年成立的第三共和国的审判、那走马灯一般的政府更迭，以及为了统治群众而借助于蛊惑人心的努力(确实有时也奏效了)。尤其重要的是，这对不久之后便要动笔的著作是十分有利的，勒庞亲眼看到了那个优柔寡断而又好战的煽动家布朗热将军迅速取得势力的过程，他在1886年7月14日，正像那位“马背上的人”一样，骑着自己那匹名为“突尼斯”的战马迈进了历史。

勒庞在全书中只提到了布朗热两次，一次是提到了他的名字，另一次则只是间接的暗示，英译本的译者因为不了解读者是否记得那段历史，认为有必要再加上一条指名道姓的注释。而后面这个暗示表明，勒庞本人虽然说不上是一个心惊胆战的保守派，但也可说是十分沮丧的，他对集体及其社会心理学的理解，在很大程度上是建立在他对发生在自己面前事情的观察上的。勒庞写道：

“群体很容易作出像刽子手一样的行为，同样，他们也很容易慷慨赴义（这种有关矛盾心理的论述令弗洛伊德备感亲切），正是因为群体会为每一种信仰的胜利而不惜血流成河（勒庞之后又补充了与我们的想法十分相符的话）。倘若想要了解群体在这方面能干出什么事情，不需要回顾英雄主义的时代，因为他们在起义中从不吝惜自己的生命，就在前不久，一位突然名声大噪的将军，能轻而易举地找到上万人，只要他一声令下，他们就会为他的事业而牺牲自己的性命。”（见本书第1卷第2章第1节）

这个未被点名的将军就是布朗热，布朗热的这段插曲即便法国人还没忘记，在美国人中间也早被忘掉大半了，就像那些可怕而短命的时期一样，因为强有力的煽动家没有能够把自己接手的政权合法化，往往会被每个国家的受到广泛阅读的史籍所遗忘。但在19世纪的最后5年里，布朗热将军和他那群政治乌合之众的崛起，以及那场称为布朗热主义的运动占领了法国的政治舞台，其规模就像约瑟夫·麦卡锡参议员和称为麦卡锡主义的那场挤占了20世纪50年代前5年美国政治舞台的运动一样。（可笑的是，这两件事居然连细节都非常相似，麦卡锡在政治上垮台3年后落魄而死，布朗热则因为受到了被审判为叛国罪的威胁，逃离了法国，3年后去世，死因显然是自杀。）

如此仓促地谈论这些在时间上相隔几代人、在社会空间也相距遥远的运动，乍一看好像是些无聊的历史类比。但是勒庞的《乌合之众》并不是在写历史，而是在求助于历史，更是在努力找出群体性格和行为中一再出现的相似点，只是它们在细节上有所不同。虽然在勒庞的思想历程中没有证据表明是他首先提到采用归纳法来找出布朗热插曲中群体社会心理的发展脉络，但这段插曲确实引起了他的注意，至少在这一点上,他与当时那些不假思索的法国人是不一样的。

变成偶像的布朗热的这段短暂且并不光彩的历史，读起来就像是勒庞创作的剧本——一部反映领袖和群众关系的社会心理学剧本。然而,既然事件发生于前,则更为合理的假设是勒庞对该事件进行过总结,而不是布朗热和他的追随者们预演了这部著作。布朗热主义作为群体行为的思想的根源和可能的依据,是值得我们注意的。

布朗热在经历了稳步升迁而成为法国军队中最年轻的将军之后,进入了作战部,负责替当时的激进派领袖克列孟梭制定那些秘密的决策。最初他得到广泛的支持是因为他显著的改善了军队的生活条件,此时的军队早已不是习惯于艰苦条件的职业军队，而是以一些暂时变成军人的普通文官为基础组成的。不久之后,他变成了一个因人而异的多面手,而对第三共和国心怀不满的大众们则认为他能够填补他们主要的不满根源——政权的领袖。布朗热本人并无政治信仰,因此他能够而且也确实答应满足许多不同政治派别相对立的利益。他答应戴鲁莱德的爱国者同盟,要挥舞起大棒来贯彻他们的沙文主义主张,要把德国人打回莱茵河以洗雪民族耻辱;对于波拿巴主义者,他承诺恢复帝国;而对于维持着他花销的保皇党,他则答应恢复君主制。各色各样的政治群体,机会主义者、温和的共和派和持不同意见的激进派,每一派都他能变得把他认作“自己人”。这些群体因为同样反对政权松散地连接在一起,而全都认为布朗热就是他们事业的领袖,尽管他本人除了将军的事业之外,其实并不支持任何事业。整个民族群体的各种矛盾,在领袖的个人身上取得了完美的统一。

政治事件一幕幕接踵而至:1886 年巴士底狱纪念日,巴黎民众高喊着他们支持将军，不要总统；在将军竞选获胜后，巴黎的群众不停地叫喊着要他向爱丽舍宫进军；报纸也表现出对他的顺从，先是罗什福尔的《不妥协者报》，而后则是维伊奥的《宇宙报》，到后来，其他一些报纸众口一词，都变成了将军及其运动的宣传页，在还没有搞清楚已经说过些什么之前，巴黎民众们便盼望着听听“他们在街上正在说些什么”；献给“我们勇敢的将军布朗热”、“啊，复仇将军”和“希望将军”的赞美诗迅速增加，这些赞歌既表达了群众的感情，也控制了他们的感情；各种玩具、机械工具，甚至是烧酒（竟然偶像化到这种程度），都拿这位受爱戴的领袖的名字来命名，换言之，这是布朗热主义短暂而强烈的支配期，它几乎就要以一次新的雾月 18 日而获得胜利。对这些事情我们无须再作细节上的详述，因为它们不过是勒庞这本书中的一页（当勒庞提到那个无名将军“可以轻易地找到上万人，只要他发出命令，他们就会为他的事业牺牲性命”时，字里行间便隐藏着这些事件）。

布朗热故事剩余的部分也包含在这本书里，只不过都是被隐藏成了一些概括性的语言。特别恰当的记录是群体，尤其是巴黎，不过外省也差不多，爱恨无常造成的迅速变化以及左右摇摆：布朗热今天还受到崇拜，明天便成了嫌犯。勒庞在布朗热的迅速崛起中，似乎找到了他用于全书的一条公理——就名望的起源而论，取得成功就是最大的成功。正如他从布朗热的突然垮台中看到另一条相关的公理一样（虽然他没有把它说出来）——就名望危险的衰落来说，失败就是最大的失败。在法国精明的政治家（主要是指老牌政客、法国内务部长孔斯坦，但并不限于他一人）不断算计这位大众英雄的众多弱点时，就如他很快得势一样，他很快就失势了。布朗热怯于叛国罪的审判，和与他一起多年的可爱的情妇玛格丽特·德·邦曼逃离法国，他们先去布鲁塞尔，但很快被驱逐出境，后又去往伦敦，然后是泽西，最后又回到了布鲁塞尔。他在流放的过程中依然抱着天真的乐观主义，在布鲁塞尔发表了一些没人看的宣言后，他终于认识到法国各政治群体想必又落入了狡猾的政客们手中，而不再把他当做决定他们命运的人了。政治失败的打击，再加上1891年他的玛格丽特因结核病而去世，布朗热在这两个月里哀痛不已，而他也最终让自己睡在了安葬着他的玛格丽特的伊克塞勒基地。

勒庞和他的同代人同时看到了这一切，但是和他们中间许多人不同的是，他对自己所看到的一切做了思考。在这出戏的中间，他看到巴黎浮躁的民众迅速地忘记了他们的马背英雄。也就是在布朗热逃离法国不久后的1889年的6月，万国博览会开幕，在众多赏心悦目的事物中，埃菲尔铁塔独占鳌头，它那伸向天空300米的钢铁躯干，宣告了一个新世纪的到来，在这个世纪里，钢铁城市将取代石头城市。在思考群众轻信和多变时，勒庞想必已经从他们对那个末路英雄的报复性攻击中看到了证据，说明他们在“为自己曾向一个已不复存在的权威低头哈腰而进行报复”(见本书第2卷第3章第3节)。

勒庞留心地观察了这一切，并且以概括的方式把它们写进了自己的《乌合之众》一书。尽管布朗热插曲不能为他的社会心理学磨房提供足够的谷物，但当时的历史也很容易为他提供充足的养料。在布朗热主义消失后不久，就上演了雷赛布(一个能移动山岳、凿穿地峡的人)戏剧的最后一幕。他在苏伊士获得成功很久之后，却栽在因丑闻而引起的巴拿马运河的失败上。在年逾 88 岁时,他还自豪地佩带着荣誉军团的大十字勋章,却发现自已被判了五年刑。对于这件事,勒庞难以做到不露怒色,更无法保持学术上的超然品格。于是我们在此书的一些地方,便能看到他愤愤不平地分析民众是如何攻击这位"历史上最了不起的英雄之一"的。

这一系列事件的顶峰之作，就是被充分理解其含义的法国人至今还称为"大事件"的事件,也许它加速了此书的写作进度,但我们对此并不了解。就在勒庞写此书的同一年,出现了对德累福斯上尉的起诉,他迅速地被秘密审判并被判定为叛国罪,而后被剥夺军衔,在魔岛上终身服刑。他是第一个获得批准进入总参谋部的犹太人,并且是个阿尔萨斯人。法国群众主要是受到虽有政治头脑却又愚蠢至极的总参谋部当局的挑动的惊吓,另一方面则是遭受它的操纵,他们的行为后来都达到了顶点,而且造成了许多次要后果,这便给勒庞的书提供了新的依据。但是,1894 年对这个非我族类的审判、定罪、撤职,足以把群众不负责任的轻信态度传到全国各地,这种严重程度即使最不关心政治的法国人(希望这不是个自相矛盾的称呼)也不会不去注意,更不用提像勒庞这样的观察家了。

现在我们终于明白，为什么说勒庞这本书是一部以阅读法国大革命事件为基础的群体行为的社会心理学著作,当然,这仅仅是出于习惯,也不完全是准确的,这种时兴的解释只有部分是正确的。确实,在勒庞用来阐明自己观点的那五十多个具体历史事件中，大约有二十多个说的是法国大革命期间的事,还有几个谈到了拿破仑。但是剩下的事件仍有一半左右都发生在法国，而且都是勒庞亲自看到的事件。进一步说，之所以会提到大革命，也正是因为勒庞本人那个时代的事件起着一部分作用。就像很多的法国人一样，勒庞受到了这场大革命的影响，但他的著作中还有许多暗示表明他之所以会注意到大革命中的一些事件，也是出于他对自己身边的群体行为所作的观察。他对历史的回顾，对法国大革命的社会心理学研究，是因为他看到了19世纪法国的群体生活。换言之，他对第三共和国群体行为进行的分析也是隐藏在对大革命时代群体行为的评价中的。

就像我们所知道的一样，在阅读勒庞时，往往会觉得他亲历过法国大革命，而且他的希望被第二帝国破坏，但又因第三共和国而彻底破灭。但是，其实并不是这样，这本让他名扬天下的书在他55岁的时候面世，而他在那个时代对法国群体行为的观察，已经为他的社会心理学奠定了基础。如果勒庞有这种想法，也许他会重新解释圣保罗大教堂唱诗班入口处那句纪念雷恩的铭文，向他同时代的人说："如果需要我的这些想法的证明，那么看看你们的周围吧！"

事情就是这样，已经过去了的历史既不是勒庞群体行为理论的唯一来源，也不是主要的经验证据。人们之所以会持有这样的观点，至少是因为他对于把历史用于学术研究的目的所表现出的那种矛盾的态度。在这本书里，他发现了史学，这是对于作为当时复杂事件和人类社会行为结果的真实记录，更确切地说是对历史的记载他可以视而不见。这一点虽然还不能考证，但是按照他所宣布的原则，他的观点是"历史全是一派胡言"，(据说)后来亨利·福特说出了这句话，并且广为人知。如果福特确实是说了这句妙语，那么他也只是简单一提，而且很大程度上是出于无知，但勒庞却说出了很多东西，应该不仅仅是出于无知吧。就是怀着这样的心情，勒庞开始相信“史学著作只能当做是纯粹想象的产物。它们是对观察有误的事实所作的无凭无据的记述，并且掺杂着一些解释，而思考的结果是写这样的东西完全是在虚度光阴。”(见第 1 卷第 2 章第 2 节)为了得出这种虚无主义的判断，勒庞认为历史记载难逃两种噩运：第一，就是那些并不存在或已经散佚的记录历史真相的证据；第二，史学家对于偶然得到的文献会有主观上的认识，这是不可避免的事情。

后来他又换了一种心情，而且这种心情持续了很久，这使得他花费了很多时间和精力撰写好多本所谓的历史著作。他发现，如果不完全地依赖历史，根本无法谈论群体行为（或人类任何其他类型的行为）。1912 年，当勒庞发表《法国大革命和革命心理学》时，他并没有改变自己的看法，而仅仅是改变了自己的做法，即写出真实的历史是一种荒谬的要求。

勒庞提出了一种妥协的理论，就像很多内心纠结的人一样。这使得他既可以和历史生活在一起，又能够否认与它同在的事实。这个合理化的理论迷人而又简单：不错，“关于那些伟大人物的生命历程，如赫拉克利特、释迦牟尼或穆罕默德，其中有一句真实的记录吗?”勒庞又说，这些人的“真实生平对我们来说并不重要。我们所要知道的是我们的伟人在大众神话中究竟呈现出的是什么样的形象。打动群体心灵的是传说中的英雄，而不是一时的现实英雄”。

对这种在确实存在的历史和作为神话历史之间相妥协的做法，我们可以提出质疑，但是，对于勒庞在两种对立倾向之间来回摇摆的困境，我们却必须给予同情。在之后，他接触到了一个更让人信服的观点:正是后人对他们的认识和感受决定了人们在历史上的地位,相比于他们的真实面目,后人的认识作用更为显著。在这两者之间,在真实性(在创作者本人看来估计已经很完美了)与表象之间,不需要完全一致,虽然有时能够吻合。就是在这种应该如何对待历史的复杂感情的搏斗中,勒庞使自己接近于一个可以称为托马斯定理(这个名称来自美国社会学大师托马斯)的观点:如果人们把条件定义为真,则根据其结果它们即为真。他的这一结论与后来人们得出的一个见解很是接近,即人的“公开形象”以及对接受它的“群体”方面所产生影响的作用。勒庞极力想让自己得出一个究竟,这使他几乎(虽然欠缺火候)得出一种正确的见解:作为神话的历史对形成后来作为社会现实的历史上发挥了作用。

不容忽视的是勒庞几乎展现出了他全部的智力,然而相比较而言,他还是没能取得对那些学者的胜利,他们把含糊其辞的尽人皆知的分析作为依据,否认历史为发现人类社会生活中的一致性因素提供了基础材料。可悲的是,勒庞就像他的同时代人一样,都认为历史仅仅是一种,而且与很多的后来者一样,而历史文献所记录的则是一些独一无二的事件。严格地说,如果所谓的历史材料只能用似是而非的语言来探寻人类行为,并为其提供充分的基础,那么勒庞确实是在浪费他自己的和我们的时间。对于这种浅薄的错误观点,也只有那些享受着不劳而获的先人遗产的人才会瞧不起它:也不过是事后的聪明。就在《乌合之众》出版6年后,杰出的德国哲学家李凯尔特和文德尔班仍在解释,为何历史不同于物理学和生物学中能够发现相同因素而只能得出特殊的描述。只是到了后来,才有人站出来否认在研究普遍规律的或者说概括性的学科与研究独特或称为单独的现象的学科之间所作出的那些错误划分，例如，柏拉图的观点："'历史绝不会重复'与相应的历史在某些方面（我们可以称之为主要的方面）'总是重复'是同样正确的。"

值得庆幸的是勒庞在实践中继续否认他在原则上给予肯定的观点。他利用历史，通过从具有一定独特性的具体历史事件中，抽象地表现出了某些在一定程度上重复出现的方面，依此找出人类行为中假定的相同因素。不过在指出这一点时，我们切不可对勒庞有失公正，把他事实上没有表现出来的先见之明归在他的名下。

读一下这本书就会知道，勒庞显然不具备方法论的头脑，但他的著作也从来不为系统搜集证据所束缚，这样以便使自己的思想能够经受住公正的（即没有偏见的）考验。他所采用的方法是社会哲学家、社会心理学家和社会观察家所采用的方法，不但在他那个时代十分流行，而且在我们这个时代也还远没有消失：把历史上的奇闻逸事用作思想资源，并且误把这种资源当做能够证明由此得出解释的真实性的方法。他的方法虽然有缺陷，但是，正如我们所见，他的某些观点却是正确的。它仍然有些粗糙，并且有待后来的社会科学家继续付出和艰苦工作，他们不想从一个观念高峰跳向另一个观念高峰，在认为自己已经准备好攀登之前，先要长途跋涉于方法论研究的峡谷之中。

假如作者没有提供一个良好的基础，使人可以对正确的成分和胡言乱语进行甄别，便很容易变成勒庞思想的传播者。在社会思想领域和其他领域一样，区分错误思想和创造性思想的依据就是看那些能够站住脚的、大体（但不肯定）正确的思想占了多大的比例。就此而言，勒庞似乎取得了相当高的打击率，这也可以解释此书为何有持久的影响了。有时候，正像弗洛伊德所暗示的那样，他的打击不着边际，但他却自认为赢了比赛。不过在社会哲学家的竞赛中，他的确不是得分，并能在关键时刻完成一个全垒打。

如果把勒庞同时说成是一位知识竞技中的英雄和一个社会学先知，也许会铸成新的纷乱：混乱的形象化比喻和迷恋时代错置的行为（棒球毕竟不是勒庞那个时代的一部分），但是这个混乱的形象是可以捍卫的。勒庞接触到一系列棘手的问题，对于其中的每一个问题他都想小试身手，最后他作出了一系列社会学断言，使他的后继者能在这些难题上甚至做得比勒庞本人更好。此外，在勒庞的后继者当中，一些研究人类群体行为的人，也曾经独立采用过这个有关体育和科学的不雅的比喻。社会学家拉扎斯菲尔德和社会哲学家奥尔特加·加塞特也曾分别这样做过，对于对手类似的犯规表现，他们是无辜的，而且是完全无辜的。拉扎斯菲尔德在《社会研究的语言》一书中写道，奥林匹克运动上竞赛记录的不断打破，其原因并不是人类竞技的能力发生了达尔文主义或拉马克主义意义上的进化，而是因为对于这种能力的训练在过去是不断地改进的。因此，每一代人都可以看到其中一些人的表现有了改进，虽然他们的能力并不比自己的前辈更好。在《群众的反叛》（一本通过学习勒庞并改进了勒庞的书）这本书中，奥尔特加对体育记录的不断提高提出了相同的看法，并且指出在科学中也有类似的情况发生过。在人类文化的所有领域，几乎除了艺术和道德之外，现实一度很符合这种过时的“进步”观，按照它严格的定义，是指不断积累的知识和有益的思想以及行为能力的提高。因此，可以说，勒庞《乌合之众》中的观点，一直被另一些人改进着，他们的能力未必高于勒庞，有的时候甚至不如他，而只是得益于后来者的地位。

在一些读者看来，勒庞的思想颇具有前瞻性。当他如先知般地预言道“我们即将进入的时代，千真万确将是一个群体的时代”时，他所谓的群体进入了历史，是指他们在过去几乎起不了任何作用的意见已开始发挥作用，后来那些具有不同意识形态的作家，如科拉蒂尼、奥尔特加·加塞特、纽曼、弗洛姆和阿伦特，也对这一观点作出了更深入的阐述。

勒庞另一项颇有道理的预见是他把群体中的人描述为日益被大众文化所湮没的人，这种文化把平庸低俗当做是最有价值的东西。在他的笔下，与过去的社会相比，群众更容易接受自己周围人的判断和爱好，而这一观点不能不让人想到今天我们对所谓当代人失去自我判断能力的关注。

社会学家帕克和伯吉斯承认，勒庞预见到了我们这个群体时代的运动，并且描述了这些运动的某些特点，而且其方法已被这方面的社会学研究所继承并作了重要的发展。

看出勒庞有先见之明的最后一个例子是他认识到了群体的重要性，一群缺乏组织的人，他们关注着相同的社会热点，在一定程度上表现出与同处一地、有组织的群体一样的心理行为。勒庞自然不能预见到广播电视这类影响巨大的新大众媒体（他毕竟不是真正的先知），但他确实注意到了报纸对群众意见的影响，他们起先是迎合群众的感情，然后把这些感情引入特定的行为渠道。

用恰当的行话说，所有这些“见识”都说明，如果一种观点它指出了人类社会行为中一再出现的某些方面，那么，纵然它十分粗糙，也能把握未来事件的某些方面。这并不是因为像一些人认为的那样，勒庞是个先知。先知是指那些自称能够预测具体事件的人，即使不能做到万无一失，也能预见很多细节。如果他是个出色的先知，他就能说出这些事件会在何时何地发生，他就能对那些细节作准确的描述。恰好相反，研究社会、分析其运行要素的社会学研究者，不适合承担这种艰巨的任务。他不是先知，然而他经常被人错误地当成先知，或者让人作出一种判断，认为他自称先知。他的任务仅仅是尽自己最大的努力找出一些条件，虽然相当困难。在这些条件下，我们可以合理地期待会出现哪些社会变化和社会行为。当他遇到身边的具体问题时，他只是谨慎地偶尔预测一下未来事件中某些有限的特定方面。社会科学家只是偶尔作出预测，不仅是因为他们比社会先知更没有把握（后者的一大优势是，他们有着接触未来历史的私人渠道，这种知识是很少有人或根本就没有人具备的）。已成为常规的谨慎态度和不确定性使得社会科学家只是偶尔作出预测，例如有关于人口大量增加所造成的后果的预测，同时也因为，当他有时打算说明在特定条件下可以合理地期待发生些什么时，但他往往并不能说明这些预测性结果不可缺少的条件能否出现，或在什么时候出现。

在另一个方面，社会科学家所作出的预测与貌合神离的先知相比也有不同。他希望从自己的失败中学习和反省，比如社会科学家有理由认为应当发生的预期后果却没有出现。如果研究表明，假定的条件事实上已经出现却没有发生预期的结果，他会坐下来重新审视自己的证据，彻底反省自己的思想，就像有人对他发出指令一样。先知对自己落空的预言会更加关心，他不会丢弃这个预言，也不会重新整理自己关于事物如何发展的认识。与此相反，他习惯于轻描淡写地对待预测的结果与实际结果的不相同，使预言避开对立的证据，能够原封不动地继续存在下去。成功的先知可以很有效地做到这一点，正如古人所言，他用妇孺的辩解“保住面子”，使他的追随者从看来已经落空的每一次预言中，很快就能看到自己的先知更为深刻的力量。

对社会先知和社会科学家的这些简单比较，并不像看上去那么离题。我的意思是当我们今天重读勒庞的《乌合之众》的时候，我们中间的一些人会忍不住把他在1895年所说的话视为对后来发生事情的预言。这不仅是个错误，显然对勒庞也是不公允的。这等于摊派给勒庞一个先知的角色，一个他偶尔有所向往却因为不适合而放弃了的角色。根据他的表现，也根据当时的流行时尚，他是想成为一名社会科学家。当然，与相对年轻的法国同代人不同，例如迪尔凯姆，他开启了社会学思想和社会研究的新纪元，他从来没有学会怎样按部就班地收集和分析社会学数据，以及如何用数据来否定自己的观点的方法(如果它们是错误的话)。这个阶段，就社会学研究而言，还有待时日(当然，即便是现在也只是处在初级阶段)。勒庞有社会学家的理想，但他并没有学会苦行僧一样的工作方式，而这是使他的研究在方法与推理上兼具说服力所必需的。他有社会学家的意图，却只得到政论家的成果。不过，由于他在社会学上有着先天的本能，正如我们所见，他说了许多很值得一说的话。

当然，勒庞也说了不少不足挂齿的话。我们可以看到，这本书有着不平衡的内容，观察的角度不同，根据观察作出的推论亦不同。它充斥着各种观点，有些正确而富有成果，有些正确但并没有结出果实，还有一些虽然不正确但有助于启发正确的观点。遗憾的是，也有一些既不正确也无成果的观点。只能说，勒庞与我们中间的大多数人是一样的，没有能力对他提出的各种观点的价值都作出区别。它们全是他头脑的产物，显然他对它们一律加以厚爱，不管是好的还是坏的，所有的观点都受到他同样的呵护。实际上，他的行为给我们的印象就像寓言中那个乐善好施的儿子。不管他喜欢哪个儿孙，他都要把他带到这本书里。他喜欢的观点中有一些是极有害的，如今我们已经知道它们从根本上就是错误的，而且根据勒庞本人的价值观，也是有危险的（我们很快就会看到这方面的一个例子），尽管是在这种情况下，但他良好的感觉再次占了上风。

也许正因为勒庞写的是有关群体的社会心理学方面的著作，而不是一部编年史，因此，在他的书里包含着与我们这个时代许多格格不入的内容。

勒庞把各种不同的意识形态形象和信念稀奇古怪地搅和在了一起，这在这本书里随处可见。他一再出现政治保守主义迹象、对一种特殊的种族主义幻觉，以及把妇女描述成软弱、沉默、不善推理和不可理喻的人，她们好冲动，因此情绪极不稳定，反复无常，又缺乏道德，和男人相比完全等而劣之，但这不见得就是一件坏事。所有这些观点只是该书的外表，即使把这些意识形态垃圾完全清除掉，对勒庞有关群众行为的基本认识也不会造成丝毫伤害，虽然它们尚不完善。

我们只是考虑这样一个意识形态观点，勒庞和当时的许多人也都持有这种观点，即他所提到的“种族这个基本概念是决定着我们命运的神秘主因”（见第 3 卷第 4 章）。但是，这种观点如其所示，只是戈宾诺所创立的那种种族主义，它是历久不衰的种族中心主义的基础，为剥夺“劣等种族”提供了理由。在勒庞看来，“种族”是个不容易理解的概念，大体上相当于“民族性格的构成”。比如，当勒庞提到“西班牙种族的遗传本能”时，或当他偶然谈到所有地方的群体都有“女人气”时，但同时发现“拉丁民族女人气最重”时，我们就能理解这一点了。“种族”是个定义不明确的标签，可以把它贴在不同人民和民族身上，它反映着勒庞对人类学的无知，但并不说明他有种族中心主义的坏心肠。

这是一本广为人知的书，对勒庞的时代和我们的时代一再展现出了它的实际意义；严格说它并不完全正确，也谈不上完全创新；与作者的任何求知行为相比，表现最佳时也只能算作较好，最差时也不算很精；字里行间与字面上有着同样多的意义；眼光时而偏于一隅，时而放眼全球；既有预见，也有落后观念；在实践中有效地利用了历史，又在原则上否认了它的真实和有效性；从当时的那些表现出人类行为共同特点的重要事件中概括出了这些特点；或许还有一些并不影响其本质的乱七八糟的意识形态怪论——这就是勒庞的《乌合之众》，一本值得一读的书。